POLYGLOTT on tour

Plattensee

Michael Herl

Special

Allgemeines

Touren

Die Spazierfahrt zu den Touristenzentren und historisch bedeutenden Orten am Balaton-Nordufer erschließt eine der schönsten Regionen Ungarns.

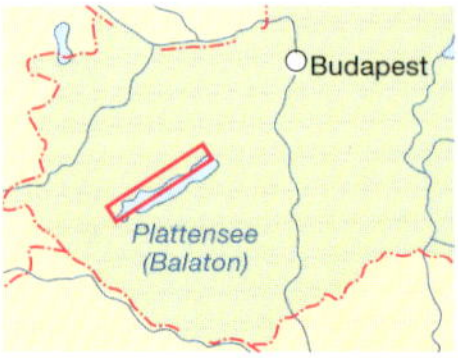

Am Sandstrand des Südufers reiht sich Badeort an Badeort. Die Route berührt auch das Naturschutzgebiet Kis-Balaton und hübsche Orte im Hinterland.

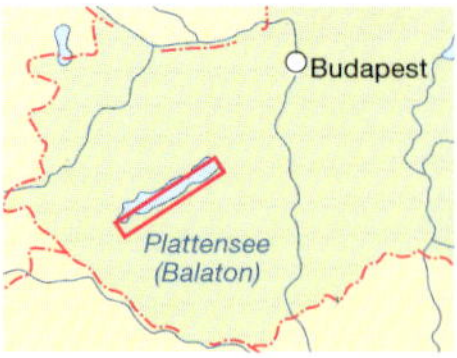

Tour 3

Zu Fuß über Stock und Stein

Seite 67

Die Wanderung führt durch die typische Balaton-Landschaft des Nordufers; großartige Aussichtspunkte und urige Wirtshäuser laden immer wieder zur Rast.

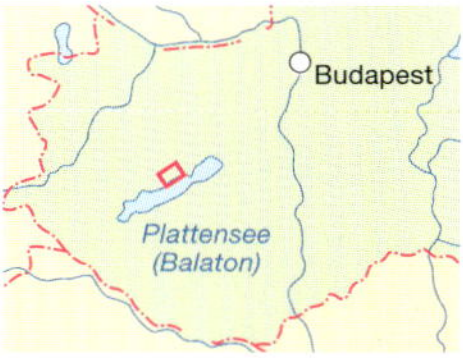

Tour 4

Per Fahrrad durch das Káli-Becken

Seite 71

Die Fahrradtour führt ins Káli-Becken, eine der schönsten Gegenden im Binnenland nördlich des Sees.

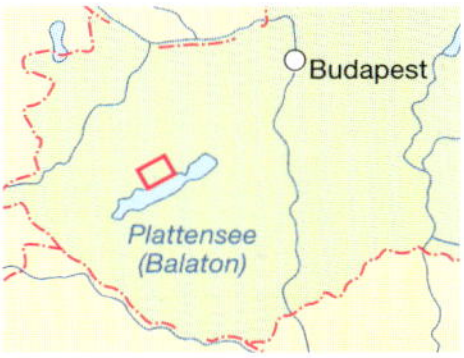

Tour 5

Hinterland des Nordufers

Seite 78

Welche Reize das nördliche Hinterland zu bieten hat, erfährt man bei dieser Fahrt ins Balatoner Oberland und in die Ausläufer des romantischen Bakony-Gebirges.

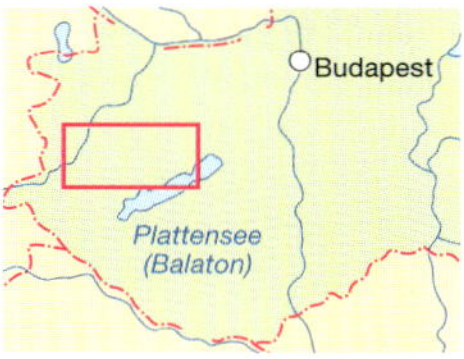

Ausflug nach Budapest

Seite 88

Ein Spaziergang, der ins alte Burgviertel von Buda und zu den Sehenswürdigkeiten Pests führt, vermittelt einen ersten Eindruck von den Höhepunkten der Hauptstadt.

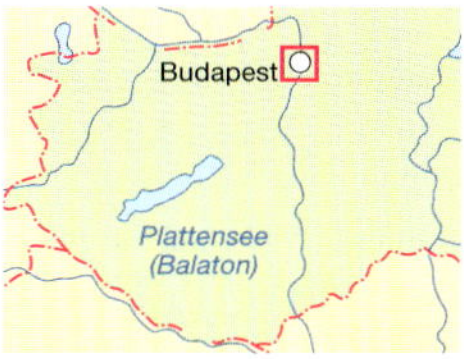

Ein Muss für jeden Plattenseeurlauber: der Besuch der Halbinsel Tihany

Bildnachweis

Alle Fotos Marton Radkai außer APA Publications / Mark Read: 91-1; Arteria Photography, Kassel: 6, 10/11 (Fond); Edition vasco / Nicola Förig: 86; Jens Funke: 2-1, 47-2, 62, 70-1, 70-2, 72-2; Horst Schmeck: 4/5, 6/7 (Fond), 7, 8, 8/9 (Fond), 10, 11, 13, 16, 17, 23, 24, 26-2, 33, 35, 36, 38, 42, 43, 51, 55, 60, 76-1, 76-2, 77, 87, 89, 94, 95, 96; Titelbild: Bildagentur Huber/ R. Schmid

Ungarische Badekultur

Der Warmwassersee, der von radioaktivem, schwefelhaltigem Wasser gespeist wird, hat das Thermalbad Hévíz 7 km nordwestlich von Keszthely am Nordufer des Balaton weltbekannt gemacht. Selbst im Winter sinkt die Wassertemperatur nicht unter 26° C. Weißer Dampf wabert durch den Wald. Leichter Schwefelgeruch liegt in der Luft. Plötzlich taucht mitten im Dampf ein See auf. Der Herbstnebel umgibt die pittoresken hölzernen Badehäuser mit einem Schleier und wenn der See pfeift, wie die Einheimischen sagen, liegt ein besonderer Zauber über ihm. Die in ein Naturschutzgebiet eingebetteten Kuranlagen sind ein schönes Ambiente für klassische Kuren vor allem bei rheumatischen Erkrankungen, Arthrose, Polyarthritis, Nervenentzündungen und Osteoporose. Das Freibad am nördlichen Ende des Sees steht Besuchern offen, die lediglich Badevergnügen suchen.

- www.balaton.net/heviz.htm
- **Seebad Töfürdö,** Dr. Schulhof Vilmos sétány 1, 8.30–18 Uhr, im Winter 9–7 Uhr.

Untertauchen im Zaubersee

Für Schönheit und neue Vitalität

Auch die Bassins in den Hotels sind mit dem Thermalseewasser gefüllt. Der aus Pflanzensedimenten gebildete Bodenschlamm wird für Fangopackungen verwendet. Nach Héviz zieht es nun zunehmend gesunde Menschen, die unter zahlreichen modernen Wellness-Einrichtungen und Beauty-Programmen wählen können. Angeboten werden Revitalisierungs-Programme mit Massagen, Lymphdrainagen, Schlamm- und Schwefelpackungen, Elektrotherapie und einer ausgewogenen Ernährung. Wickel, Kräuterbäder und Schröpfkuren vervollkommnen die naturmedizinische Vitaltherapie. Yoga und Tai Chi richten sich an Gäste, die es besinnlicher mögen.

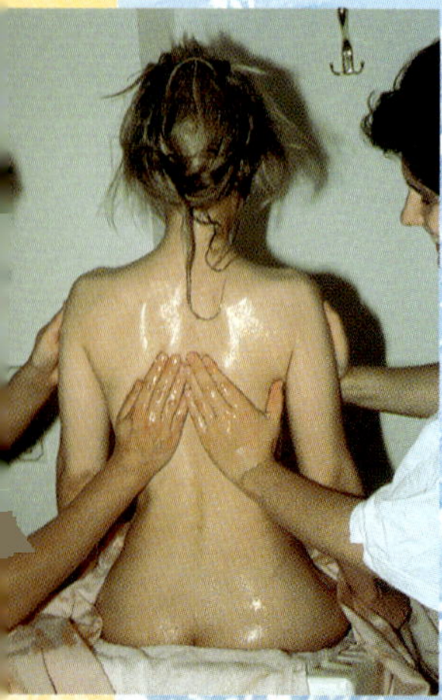

Nur 600 m vom See entfernt und mitten im Grünen lockt das lichtdurchflutete 4-Sterne-Wellness-Hotel Lotus-Therme mit tollem Verwöhn- und Freizeitprogramm. Für den Nachmittag kann man sich im gluckernden Kohlensäure-Bad vergnügen. Eine prickelnde Angelegenheit. Das Highlight ist eine Body-Packung mit echtem Hévízer Heilschlamm. Die dunkelbraune Masse lastet schwer auf der Haut, drumherum eine wabernde Verpackung aus Folie und Wasserbett. Dann das Kontrastprogramm: schneeweißer Kuscheldress, dazu eine Fingerdruckmassage zu sphärischen Klängen. Auf dem Weg ins Zimmer schwebt man für den Rest des Tages Zentimeter über dem Boden.

Hotel Carbona, das größte Kurhotel, ein seit 1997 modernisierter und zum Vier-Sterne-Hotel umgebauter Komplex mit sechs Etagen, liegt im Zentrum des Ortes, 500 m vom Hévizer See entfernt. Eine besondere Attraktion für jung und alt stellt das im Sommer 2001 eröffnete, 350 m2 große tropische Erlebnisbad dar. Es ist auch Nichthotelgästen zugänglich.
Auch das Luxushotel Danubius, 200 m vom Ufer des Thermalsees, 1984 errichtet (vier Sterne), bietet einen eigenen Wellness- und Beautybereich. Ein speziell medizinisches Angebot hier: Man kann sich bei den Ärzten im Hotel auch einer aufwändigen Zahnbehandlung unterziehen. Nach Absprache mit der Krankenkasse werden die Kosten, die erheblich unter denen hierzulande liegen, erstattet.

- **Rogner-Dorint Hotel Lotus Therme,** 8380 Hévíz, Lótuszvirág u. 2, Tel. 83/50 00 00, Fax 83/50 05 02; E-Mail: info@lotustherme.com, www.heviz.rogner.com. OO
- **NaturMed Hotel Carbona,** 8380 Hévíz, Attila u. 1, Tel. 83/34 29 30, Fax 83/34 04 68; E-Mail: hotel@carbona.hu, www.carbona.hu. OOO
- **Danubius Thermal Hotel Aqua,** 8380 Hévíz, Kossuth Lajos u. 13-15, Tel. 83/34 1-090, Fax: (83) 340-970; E-Mail: dhthaqua@mail.matav.hu, www.danubiusgroup.com. OOO

Was sonst noch Leib und Seele guttut

Die **Galéria Heviz,** ein Atriumbau mit Galerie, Ladengeschäften und Bistro, lädt zum Bummeln und Verweilen ein. Freunde von Geflügelspezialitäten finden im **Borostyán Étterem** ein reichhaltiges Angebot. In den Sommermonaten können bei einem edlen Tropfen im Garten der urigen **Csarda** die lauen Nächte vergnüglich sein.

- **Kulturzentrum Galéria Heviz,** Hévíz, Ferenc Deák tér.
- **Borostyán Étterem,** Hévíz, Vörösmarty u. 91, Tel. 83/34 28 95. Hüvösvölgyi.
- **Csarda,** Hévíz-Alsópáhok, Tel. 83/34 42 32.

Segeln, Surfen, Schwimmen

Der Balaton ist ein ideales Wassersportgelände, wenn man mit den natürlichen Gegebenheiten vertraut ist. Die durchschnittliche Wassertiefe des Sees beträgt lediglich drei Meter, in der die Enge bei Tihany erreicht sie 12 m. Während das Wasser am Nordufer schnell tief wird, kann man am Südufer 500 m weit ins Wasser gehen, ohne schwimmen zu müssen. Im Sommer liegt die Wassertemperatur selten unter 22° C. Die schönsten Badestrände finden sich am Südufer: Balatonberény (FKK), Balatonfenyves (schattiger Wald am Strand), Siófok hat mit 16 km den längsten Strand. Der ruhige Wasserspiegel kann durch die starken Winde aus dem Bakony-Gebirge in wenigen Minuten aufpeitschen. Sportgeräte mit Verbrennungsmotoren und Wasssserdrachen sind verboten.

Angelsport

An Anlegestellen, Molen und anderen Uferabschnitten sitzen zu jeder Tages - und Nachtzeit die Angler. Für den Erwerb einer Angler-Tages- oder Wochenkarte benötigt man den Personalausweis, ausgestellt werden Anglerkarten in den Reisebüros, bei den Anglervereinen und in einigen Anglergeschäften.
Sechs Fischarten kann man fangen: Karpfen (ponty), Hecht (csuka), Aal (angolna), Wels (harcsa), Barsch (sügér) und den legendären Zander (fogas).
Am westlichen Dorfrand von Balatonszárszó, erwartet unmittelbar an der Landstraße ein fischreicher Angelteich die Freunde des ruhigen Sports; Kartenverkauf in der Szóládi u. 1/5.
Der Binnensee (belsö tó) inmitten der Halbinsel Tihany gilt mit seinem malerischen Schilfufer bei den Anglern als Geheimtipp; mit seinen kleinen Fischerkähnen stellt er ein beliebtes Fotomotiv dar.

Anglerkarten bekommt man in:
- Keszthely, Martinovics u. 22,
- Révfülöp, Horgászbolt Csárda u. 1,
- Balatonkenese, Kikötö u. 2,
- Balatonboglar, Pipacs u. 20, Fonyód, Sás u. 1)
- Kartenverkauf für Tihany direkt am See und bei Tihany Tourist, Kossuth u. 11.

Segeln, Surfen und Wasserski

Mit dem eigenen Segelboot kann man in den Häfen überall anlegen, Boote können aber auch gemietet werden. Teilnehmergebühr für eine Woche auf einem Tourenschiff für 4–6 Personen ca 120–300 € pro Woche, abhängig vom Schiffstyp und der Saison; der Segelschein für Binnengewässer des Heimatlandes ist erforderlich. Die Regatten am Balaton sind in erster Linie im Kreis der erfahrenen Sportseeleute beliebt, denn die oft komplizierten Windverhältnisse stellen hohe Anforderungen an ihr Können. Segelkurse werden in den größeren Orten angeboten.
Da Motorboote auf dem Balaton fehlen, bietet sich die fest installierte »Füreder Vízisí«, eine Wasserskibahn, allen Anhängern dieses Sports als Alternative an. An allen Abschnitten des Sees kann man auch Surfbretter, Kajaks und Kanus ausleihen.

Info und Reservierung zum Segeln: Pinta Bt. 2100 Gödöllö, Mikszáth K. u. 1, Tel. 28/41 24 09; es wird deutsch gesprochen.
Info zu Wasserski: Balatonfüred, Vízisí, Széchenyi u. 24, 10. Mai–31. Nov., 8–20 Uhr.
Verleih von Surfbrettern etc.: Sport Club, Balatonszarszo, Kálmán Mikszáth utca 1, Tel. 84/36 36 24.

Sportfeste

Alljährlich im Juli durchschwimmen mehrere tausend sportliche Menschen bei einer Großveranstaltung den Balaton (Anmeldung am Tag der Veranstaltung zwischen 7 und 13 Uhr in Révfülöp). Die Amateur- und Profisportler werden auf der 5,2 km langen Strecke bis Balatonboglár von fast hundert Booten verschiedener Segelclubs und Wassersportvereine begleitet.
Seit über 70 Jahren wird im Mai die Saison mit diesem Fest in Balatonfüred am Rosengarten vor der Mole offiziell eröffnet. Sehenswert ist die große Regatta, bei der viele hundert Segel wie Schmetterlinge auf dem Wasser dahingleiten. Teilnehmen kann man an diesem Tag auch an einem großen Angelwettbewerb oder an einer Spazierfahrt auf dem Balaton.

Wettschwimmen: Aranyhid Balaton átúszó Sport Klub, Csokonai Vitéz M. u. 82, 7400 Kaposvár, Tel. 82/42 49 69, Fax 82/31 29 21
Info Segelsetzen: Polgármesteri Hivatal, Szent István tér 1, 8230 Balatonfüred, Tel. 87/34 32 55, Fax 87/34 34 57.

Bacchus liebt den Balaton

Die Weinberge der Plattenseeregion gehören zu den Schätzen Ungarns. Mit der Öffnung nach 1989 wurde der Branche neue Kraft verliehen. Am Nordufer des Balaton, rund um die langgezogene Bergkette des Badacsony wachsen die Reben, aus denen die bekanntesten Weine der Region gekeltert werden. Das gemäßigte Klima mit oft extrem heißen Sommern, die unmittelbare Nähe des Plattensees und die hohe Luftfeuchtigkeit sowie der wärmespeichernde Basaltboden ermöglichen es, sowohl vollmundige und trockene als auch sehr mineralhaltige Weine mit hoher Restsüße herzustellen.

Traubenvielfalt

Alle Plattenseeweine, außer Merlot und Zweigelt, die in der Umgebung von Tihany in kleiner Menge angebaut werden, sind Weißweine.
Olaszrizling (Welschriesling) – ein Wein von schöner grün-weißer Farbe mit einem wunderbarem Duft nach Reseda.
Szürkebarát (Grauer Mönch/Ruländer/Pinot gris) – ein süffiger Tropfen, der hier – so der ehemalige Direktor des Veszpremer Bakony Museums, Dr. Aurel Vajkai – zu einer noch höheren Qualität als in seiner französischen Heimat gelangt sei. Er scheint etwas von der Glut der Vulkane gestohlen zu haben.
Ottonel Muskotály (Muscat Ottonel) – ein säurearmer, milder Wein mit intensivem parfümähnlichem Muskatellerduft, ideal für Liebhaber des Süßweins.
Kéknyelü (Blaustengler) – in seinem Bukett meint man etwas vom Duft des mühsam bebauten ungarischen Bodens und von der Glut der Herbstsonne zu kosten.
Zöld velteni (Grüner Veltliner) – am Südufer steht die aus Österreich importierte Traube mit 224 ha flächenmäßig an erster Stelle, auf den Löß- und Sandböden entsteht ein frischer Wein mit feinem Bukett.

Weinverkostung

Im romantisch inmitten der Weinberge gelegenen Kelterhaus **Soma** in Alsóörs stellt der Kellermeister mit großem Engagemant und fundierten Fachkenntnissen seine Weine vor, dazwischen reicht er Käse und plaudert über die Kaufgewohnheiten seiner Besucher.
»Guter Wein lobt sich selbst« – Im gemütlichen Weinlokal der Familie Zimek **Treffpunkt Gar 2000** in Zamąrdi-Felsö lassen sich die hiesigen Weine so richtig genießen. Probieren sollte man unbedingt auch die hauseigenen Edelbrände!
Eszterházy Borpince in Szigliget, der größte Weinkeller Ungarns, beherbergt ein Weinmuseum und zwischen meterhohen Fässern eine 40 m lange Gästetafel, an der ein rustikales Abendbrot mit Wurst und Speck, Knoblauch und Paprika aufgetischt wird.
Der klassizistische Gebäudekomplex **Jásdi Pince** in Csopak des ehemaligen Bischofs von Veszprém beherbergt einen der schönsten Keller des Balatonhochlands. Beim Kauf von zwölf Flaschen Wein in der Vinothek (8–16 Uhr) gibt es die Führung durch das Weinprobenzimmer des Bischofs gratis (sonst 2000 Ft/Person).

- **Soma-Pince,** Füredi út 22, Alsóörs, Tel. 87/44 70 24 (Weinverkostung ab 1000 Ft/Pers.).
- **Treffpunkt Gar 2000,** Vécsey K. u. 72, Zamárdi-Felsö, Tel. 84/34 86 84 , Gruppen ab fünf Personen sollten sich anmelden.
- **Eszterházy Borpince,** Kossuth u. 3, Szigliget, Tel. 87/46 10 44.
- **Jásdi Pince,** Arany J. u. 2, Csopak, Tel. 87/44 64 52.

Winzerfeste

In Balatonfüred erwarten die Winzer ihre Gäste bereits Anfang August in Zelten, sowohl zu einem guten Tropfen, als auch zu bunten Folklore- und Musikdarbietungen.
In Bogląr beginnt am 20. August das mehrtägige Fest an der Promenade (Parti sétány).
Die Badacsonyer Weinlese gipfelt Mitte September in einem prächtigen Umzug; Teil des zweitägigen Festes sind der Jahrmarkt, ein Feuerwerk und der Winzerball.

Tipp **Informationen:** Beim jeweiligen Tourinformbüro des Ortes oder unter www.balaton.net

Der größte See Mitteleuropas

Der riesige, flache Plattensee (ung.: Balaton) ist den Magyaren in ihrer Binnenlage seit langem Ersatz für eine fehlende Meeranbindung. Wenn Italiener an die Adria fahren und Deutsche an die Nordsee – dann machen sich die Ungarn auf den Weg an den so heiß geliebten Plattensee.

Wie an belgischen, deutschen oder englischen Küsten entstand dort schon vor der Jahrhundertwende eine Badekultur der besseren Gesellschaft; auch hier baute man am Ufergürtel entlang Wochenendhäuser, Villen. Es entstanden Künstlerdomizile wie im spanischen Cadaqués oder auf der Ostseeinsel Hiddensee. Im Laufe der Zeit entwickelte sich der Plattensee zu einem bedeutenden Wirtschaftsfaktor. Für die Tourismusbranche Ungarns ist er neben Budapest die wichtigste Einnahmequelle und für die ungarische Gastronomie eine unverzichtbare Bezugsquelle von hochwertigem Frischfisch.

Die Tourismusindustrie am Balaton befindet sich in einem Wandel. Die Gäste von früher bleiben meist aus, die neuen haben höhere Ansprüche. Sie wollen besser wohnen und essen, legen größeren Wert auf anspruchsvolle Sport-, Spiel- und Freizeitangebote. Sonne, Wasser, Gulasch und süßer Wein zu niedrigen Preisen genügt nicht mehr. Erste Schritte, sich darauf einzustellen, sind gemacht.

Lage und Größe

Der Plattensee liegt im Herzen Transdanubiens, dem Hügelland im Westen Ungarns. Von Wien ist er etwa 220, von Budapest rund 90 km entfernt. Mit seinen fast 600 km^2 ist der Plattensee der größte See Mittel- und Westeuropas, allerdings ist er mit einer durchschnittlichen Tiefe von nur 3,5 m auch einer der flachsten. Stellt man sich den See tausendfach verkleinert vor, entspricht er einer Platte, die 75 m lang, an die 8 m breit, aber nur 4 mm dick ist. Besonders vom Südufer aus kann man hunderte Meter weit in den See gehen, ohne schwimmen zu müssen. Am Nordufer erreicht der See bereits nach wenigen Schritten eine Tiefe von 2–3 m. Die tiefste Stelle liegt mit 12–13 m vor der Halbinsel Tihany. Besonders wegen seiner im Sommer sehr hohen Wassertemperatur ist er als Badesee beliebt.

Touristisch am meisten frequentiert ist das Südufer, dort stehen die großen Hotelbunker aus sozialistischer Zeit. Landschaftlich reizvoller ist das Nordufer mit Weinbergen und bewaldeten Hügeln. Besonders im Balaton-Oberland am Fuß des Bakony-Gebirges entwickelt sich in letzter Zeit als sinnvolle Alternative zum Strandtrubel am Südufer ein »sanfter Tourismus«, unterstützt von örtlichen Bürgerinitiativen. Man möchte erreichen, dass die Touristen hier reiten, wandern, Radtouren unternehmen oder die Natur genießen.

Der Plattensee ist von viel Grün und einer vielfältigen Landschaft umgeben

Klima und Reisezeit

Wie in ganz Ungarn herrscht am Balaton kontinentales Klima mit extrem heißen Sommern und sehr kalten Wintern. Am Plattensee scheint die Sonne mehr als 2000 Stunden im Jahr, das sind etwa zehn Prozent mehr als in Süddeutschland. Berüchtigt sind allerdings die schnell aufziehenden Sommergewitter. Sie erzeugen bis zu zwei Meter hohe Wellen, die Boote leicht zum Kentern bringen. Deshalb sollten die Signale der 24 rund um den See errichteten Warnstationen ernst genommen werden. Sie sind vom 1. Mai bis 30. September in Betrieb. Leuchtet das gelbe Blinklicht etwa 30-mal pro Minute, bedeutet dies Warnstufe 1, das Baden in mehr als 500 m Entfernung vom Ufer ist dann verboten. Bei Stufe 2 (60-mal Blinken pro Minute) naht ein Sturm mit Windgeschwindigkeiten von über 60 km/h. Das Baden ist nur noch bis zu einer Entfernung von höchstens 100 m vom Ufer erlaubt.

Am meisten besucht wird der Plattensee während der Sommersaison von Juni bis August. Die Lufttemperaturen steigen zu dieser Zeit auf weit über 30 °C, und das Wasser wird bis zu 28 °C warm. Nach wie vor ist der Balaton während der Hochsaison gnadenlos überfüllt. An schönen Sommer-

Klima und Reisezeit

Siófok

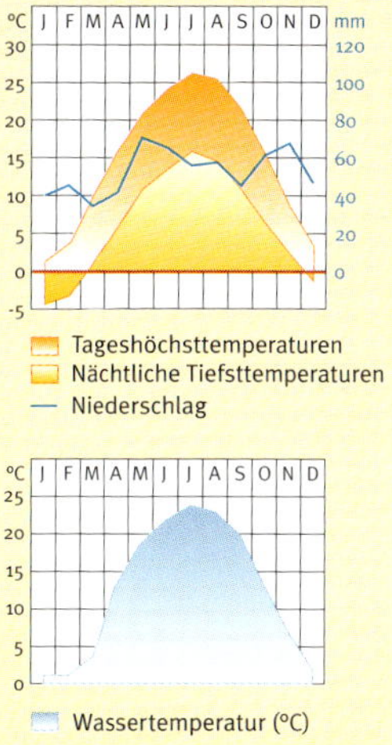

Schafherde auf gemähtem Getreidefeld im Balaton-Oberland

700 Tonnen Fisch werden alljährlich aus dem See gefischt

wochenenden sind die Staus auf der Autobahn aus Richtung Budapest kilometerlang. Das Hinterland jedoch ist auch zu dieser Zeit wenig besucht; am Nordufer hält sich der Trubel in Grenzen.

Tipp Wesentlich angenehmer ist es, außerhalb der Saison zu reisen. Die typischen, gesichtslosen Touristenlokale sind dann geschlossen, die Einheimischen freundlicher, und der See wirkt natürlicher. Wer unbedingt baden will, der kann dies auch oft schon im April tun. Der ideale Monat dafür ist jedoch der September: Das Wasser ist noch warm, und die Lufttemperaturen betragen auch noch weit über 20 °C.

Seit jeher beliebt ist es aber auch, den Balaton im Winter zu besuchen. Aufgrund seiner geringen Tiefe friert der See schnell zu und ist in manchen Wintern bis zu zwei Monate lang von einer durchschnittlich 25 cm dicken Eisschicht bedeckt.

Immer mehr Hotels und Restaurants gehen dazu über, rund um das Jahr geöffnet zu halten. Ein Winterurlaub am Plattensee, mit langen Spaziergängen am Ufer und kuscheligen Abenden am Ofen im Wirtshaus, ist ein durchaus erholsames Erlebnis.

Natur und Umwelt

Der Plattensee wird im Nordwesten und Norden begrenzt durch eine bis zu 438 m hohe Hügelkette mit Wäldern und Weinbergen, die schließlich in das bis zu 600 m hohe Bakony-Gebirge übergeht. Das Südufer ist flacher und weniger bewaldet.

Im See leben etwa fünfzig Fischarten, darunter Karpfen, Zander, Barsch, Aal, Silberkarpfen, Bleie, Wels, Hecht und Weißfisch. Außerdem existieren vor allem in den schilfigen Uferbereichen des Nordens und im Kis-Balaton mehr als 1000 Arten verschiedenster Lebewesen, darunter seltene Muscheln, Schnecken und Insekten. Die sich immer mehr verschlechternde Wasserqualität ist verantwortlich für den Rückgang des Artenreichtums. Jahrhundertelang galt das Wasser des Balaton als sauber, und man schrieb ihm sogar eine heilsame Wirkung zu.

Fischfang am Balaton

Bereits im 11. Jh. war die Fangverteilung am Balaton geregelt; ähnlich dem »Zehnten« der Bauern hatten die Fischer einen Großteil der gefangenen Fische als Pacht an die adeligen Landbesitzer abzugeben. Die Zunft der Fischer war eine hoch geachtete Gilde. Im Mittelalter verkauften sie ihre Fische auf dem Markt im Budapester Burgviertel; Fischen, die älter als einen Tag waren, musste man den Schwanz abschneiden. Jahrhundertelang fischte man mit Haken aus Bronze und Eisen, oder man fertigte eine »Vejsze« an, eine Art Reuse aus Weiden und Schilf, die man hinter Booten durch den See zog. Bis Mitte des 19. Jhs. hielt sich diese Art zu fischen. Seit 1920 wird mit Ringnetzen gearbeitet, die mit mehreren Booten durch den See gezogen werden.

Der Fischfang war zu Zeiten des Sozialismus ein bedeutender Wirtschaftsfaktor in Ungarn. Lebende Fische, tiefgefrorene, Konserven sowie zur Zucht geeignete Jungfische wurden in alle ehemaligen Ostblockländer und teilweise auch ins »kapitalistische Ausland« exportiert. Fünf Brigaden waren am Balaton in Siófok, Szemes, Fonyód, Keszthely und Tihany stationiert. Zu jeder gehörten 15 Männer, zwei Boote und ein 1000 m langes und 5 m breites Ringnetz. Man fing jährlich bis zu 2000 t Fisch und sorgte durch Einsatz von Jungfischen für den Bestand. 1991 wurde der staatliche Betrieb in eine Aktiengesellschaft umgewandelt, die zu 76 % dem Staat und zu 24 % den Kommunen rund um den See gehört. Man beschäftigt nun 70 Berufsfischer in vier Gruppen, die mit jeweils zwei Booten ausgestattet sind. Insgesamt hat das Unternehmen 420 Beschäftigte. Die Fischerei AG ist ein »Non-profit-Unternehmen«, macht also keinen Gewinn. Man möchte Arbeitsplätze erhalten und den Fischbestand des Balaton auf ökologisch sinnvolle Weise pflegen. So züchtet man in etwa 60 Seen im Hinterland Karpfen, Barsche und Zander, die dann teilweise im Balaton eingesetzt werden.

Aus dem Plattensee werden von legalen Anglern rund 1200 bis 1300 t Fisch jährlich gefangen. Man schätzt, dass dazu jährlich mehrere 100 Tonnen Fische illegal aus dem Balaton geholt werden. »Im letzten Jahr haben Angestellte der Balatoni Halászati RT auf einer Länge von 40 km von Fischdieben angebrachte Treibnetze aus dem Wasser gezogen«, berichtet László Tölg, Generaldirektor der Balaton Fischerei AG. Ganze Banden sind auf der Jagd nach dem Balaton Zander, der leicht zu fischen und auf dem Markt begehrt ist. Der illegale Fischfang entwickelte sich zu einem richtigen Industriezweig: Der Fisch findet reißenden Absatz in den Restaurants entlang des Sees, den Banden liegen aber auch Dauerbestellungen aus den Großstädten des Landes und sogar aus den Nachbarländern vor! Die Aktiengesellschaft hat mit sechs Motorbooten und zwölf Kontrollposten den Kampf gegen die Fisch-Mafia aufgenommen.

Geschützter Uferbereich

Damit ist es seit einigen Jahrzehnten vorbei. Mittlerweile klagen viele sogar über allergische Reaktionen wie Hautausschläge und Rötungen nach einem Bad im See. Diese Folgen haben jedoch nichts mit den chemischen Verunreinigungen im See zu tun, sondern werden von einer speziellen Algenart verursacht, die sich in manchen Jahren im See entwickelt. Nicht schön, doch auch nicht beunruhigend und nicht gesundheitsgefährdend.

Obwohl kaum chemische Industrieabwässer in den See geleitet werden, gibt der Zustand des Balaton dennoch Anlass zur Sorge. Das Hauptproblem ist die organisch-biologische Verschmutzung. Als man Anfang des 20. Jhs. begann, die Ufer verstärkt zu bebauen, dachte man nicht an ein umfassendes Kanalsystem. Abwässer wurden entweder direkt in den See geleitet oder gelangten über Sickergruben indirekt durch das Erdreich ins Wasser. Jeden Sommer sinkt der Wasserspiegel etwa um ein Drittel, und der sich leerende See saugt die Abwässer aus dem Erdreich der Uferzone. Gleichzeitig erwärmt die Sonne das Wasser auf bis zu 28 °C. Da der Plattensee nur einen kleinen Zu- und Abfluss hat (das Wasser benötigt 15 Jahre, um sich komplett zu erneuern), kommt es im Sommer schnell zu einer Unterversorgung mit Sauerstoff. Die Folgen sind Fischsterben und die unkontrollierte Vermehrung von Algen. Einzig die relativ häufigen Sommergewitter, die einen hohen Seegang verursachen, sorgen für eine Anreicherung des Wassers mit Sauerstoff.

Dass sich die Situation in den letzten Jahrzehnten verschlechterte, liegt daran, dass der See im Laufe der Zeit durch angeschwemmten Sand immer flacher wird und dass sich die Zahl der Besucher kontinuierlich erhöht hat. Jeder Mensch am Balaton verschmutzt pro Tag etwa 300 l Wasser, 250 l mehr als in der Zeit um 1900. Außerdem fielen die riesigen Schilfgebiete am Ufer fast vollständig den Hotelneubauten zum Opfer. Das Schilf wirkte früher wie ein Filter und hielt Verschmutzungen zurück. Dieser Reinigungseffekt bleibt nun aus.

Nachdem der Umweltschutz lange Zeit eine untergeordnete Rolle spielte und man in erster Linie darauf bedacht war, vielen eine Erholungsmöglichkeit zu bieten, hat die Regierung das Problem mittlerweile erkannt. Was jedoch fehlt, ist genügend Geld zur Sanierung des Sees. Weite Teile müssten ausgebaggert und das Kanalsystem vervollständigt werden – man hat ausgerechnet, dass für diese Maßnahmen bis zum Jahr 2010 etwa 100 Mrd. Forint nötig wären. Bisher stehen jedoch pro Jahr nur etwa 2,3 Mrd. zur Verfügung. Zudem haben viele Hoteliers und Tourismus-Unternehmer kein Interesse daran, ihr am Plattensee verdientes Geld auch dort zu investieren – und schon gar nicht in den Umweltschutz. Der Gewinn wandert nach Budapest oder ins Ausland. Fazit: Das Wasser im Balaton ist nicht sauber, aber auch nicht schmutziger als das anderer Seen, das Baden ist

Die Traditionspflege in den Dörfern um den Balaton wird groß geschrieben

unbedenklich. Ob dies jedoch so bleibt oder gar eine Besserung eintritt, wird sich in den kommenden Jahrzehnten zeigen.

Ähnlich ist es bei den Naturschutzgebieten im Hinterland. Zur Pflege des Biotops Kis-Balaton (Kleiner Balaton) und weiterer Schutzzonen, wie zum Beispiel des Káli-Beckens am Nordufer, müsste viel mehr Geld bereitgestellt werden. Die Bevölkerung denkt allmählich um, erste Bürgerinitiativen haben sich gebildet. Man setzt auf »sanften Tourismus«, möchte den Urlaubern die Augen öffnen für die abwechslungsreiche Natur rund um den See – eine Entwicklung, die für den Fortbestand des Balaton und seiner Umgebung mit Sicherheit überlebenswichtig ist.

Bevölkerung

Die Zusammensetzung der Bevölkerung am Plattensee spiegelt die Verhältnisse in ganz Ungarn wider. Die Bewohner vieler Dörfer, besonders im Norden des Sees, sind deutschstämmig, der Anteil an Slowaken und Südslawen ist, geographisch und politisch bedingt, gering. Auch für die Menschen am Balaton bedeutete die Öffnung im Jahre 1989 eine entscheidende Veränderung. Früher nahmen die Dinge ihren Lauf, jeden Sommer kamen Millionen von Touristen und sorgten für einen gewissen Wohlstand. Mittlerweile herrscht Privatwirtschaft, und für die meisten bedeutete dies ein gewaltiges Umdenken. Ein Leben in Armut jedoch müssen die Menschen – im Gegensatz zu den Bürgern von Budapest – nicht befürchten. Fast alle betreiben noch etwas Landwirtschaft, zudem sorgt der Tourismus nach wie vor für Verdienstmöglichkeiten. Bewundernswert ist die Mentalität der Ungarn. Trotz der ungewissen Perspektive versucht man, aus dem Wenigen, das man hat, das Beste zu machen. Doch die Zukunftsaussichten sind nicht rosig. Einige verdienen am Tourismus viel Geld, so manchen jedoch geht es wirtschaftlich schlechter als vor 1989. Dadurch werden alte Werte wie »Gemeinschaft« heute wieder sehr wichtig. Der Zusammenhalt in den Dörfern ist größer als je zuvor, man versteht sich als Schicksalsgemeinschaft. Auch die vielen Menschen, die aus wirtschaftlichen Gründen wieder aus Budapest zurückkommen, werden in die Gemeinschaft aufgenommen. Skeptisch beobachtet man nur jene, die mit viel Geld aus dem Ausland oder der Hauptstadt kommen und sich z. B. ein altes Bauernhaus aufwändig renovieren. Dieser Trend ist immer häufiger zu beobachten, er teilt die Dorfbevölkerungen in zwei Klassen – Leute, die gerade so über die Runden kommen, und jene, die es sich leisten können, ein teures Wochenendhaus zu unterhalten. Eine Folge der neuen Zeit, die mittlerweile auch am Balaton Einzug gehalten hat.

Wirtschaft

Hauptwirtschaftsfaktor am Balaton ist natürlich der Tourismus. Im Jahr 1999 verweilten mehr als 17 Mio. Touristen länger als 24 Stunden in Ungarn. Die meisten unternahmen zumindest einen Ausflug von Budapest her an den Balaton. Fast 90 % der Gäste, die länger am See blieben, kamen aus Österreich, der Schweiz und Deutschland. Sie machten hier durchschnittlich eine Woche Urlaub.

Wie alle ehemaligen Staatsbetriebe Ungarns wurden auch die Hotels, Restaurants, die Weinkellereien und Fischereibetriebe am Balaton seit dem Jahre 1989 sukzessive privatisiert. Die Folge war die gleiche wie überall im Land: In den Unternehmen wurde »rationalisiert«, das heißt, ein Teil der Beschäftigten musste gehen. So suchten auch am Plattensee viele ihre Zukunft in der Selbstständigkeit. Unzählige Privatpensionen wurden eröffnet, kleine Restaurants, Läden und Dienstleistungsbetriebe – so viele, dass sie sich auf dem ohnehin kleinen Markt unerbittlich Konkurrenz machten und keiner glücklich werden konnte. Dieser Prozess ist noch nicht abgeschlossen, immer noch schießen Sonnenstudios, Videotheken und Schnellimbisse aus dem Boden, die morgen schon wieder schließen müssen.

Überleben werden jedoch nur diejenigen, die entweder genügend Kapital haben oder die beste Leistung und Qualität erbringen. Der allgemeine Trend geht auch in Ungarn zum Qualitätstourismus, der sich an westlichen Maßstäben orientiert. Die Gäste sind bereit, mehr Geld für bessere Qualität zu bezahlen. Doch bis sich die allgemeine wirtschaftliche Lage des Balaton-Tourismus stabilisiert hat, wird es noch einige Zeit dauern.

Steckbrief

- **Grundniveau (»0«-Wasser):** 104,5 m ü.d.M. (Adria)
- **Länge:** 77 km
- **Gesamtuferlänge:** 197 km
- **Fläche:** 596 km^2
- **Wassermenge:** ca. 1800 Mio m^3
- **Wasserzufluss für den See:** Der Fluss Zala (über den Kis-Balaton), 32 Bäche aus dem Balaton-Oberland und diverse Gräben (Nordufer) speisen den See.
- **Abfluss:** Über den Sió-Kanal (Südufer)
- **Wassertemperatur im Sommer:** 20–26 °C
- **Größere Städte am See:** Keszthely und Balatonfüred am Nordufer, Siófok am Südufer
- **Verwaltung:** Das Balaton-Ufer mit Hinterland gehört im Norden zum Komitat Veszprém, im Osten zum Komitat Zala, im Süden zum Komitat Somogy.

Geschichte im Überblick

10 000 v. Chr. Durch Verschiebungen der Erdkruste entsteht ein Graben, der sich mit Wasser füllt. Durch Erosion und Zuflüsse bildet sich der Balaton.
5000 v. Chr. In der Jungsteinzeit beginnen Einwanderer aus dem Balkan mit Ackerbau und Viehzucht und dem Töpfern. Am Balaton wurden bei Ausgrabungen Werkzeuge entdeckt, die darauf schließen lassen, dass man Fischfang betrieb.
2000 v. Chr. Einwanderer vom Balkan bringen Kenntnisse der Kupferherstellung mit. Dörfer entstehen am Ufer.
1500 v. Chr. Stämme aus Kleinasien und Südosteuropa führen die Bronzegießerei ein. Man fertigt Waffen und Schmuck aus dem neuen Metall. Zu dieser Zeit entstehen Hügelgräber zwischen Tihany und Balatonfüred.
600 v. Chr. Die Skythen, ein Nomadenvolk vom Schwarzen Meer, lassen sich nieder, ebenso die Illyrer.
400 v. Chr. Keltische Erawisker erobern nach langen Kämpfen die Region und lassen sich nieder.
10 v. Chr. Die Römer dringen in das Gebiet des heutigen Ungarns ein und gründen unter Kaiser Tiberius die Provinz Pannonia.
12 n. Chr. Das Balatongebiet wird Teil der Provinz Pannonia. Wohlhabende Römer bauen sich Villen am See, den sie Lacus Pelso nennen. Die größte römische Siedlung ist Valcum nahe Keszthely.
292 Die Römer bauen in ihrer Stadt Tricciana nahe dem heutigen Siófok eine Schleuse am Sió-Fluss.
409 Mit dem Vertrag von Ravenna zerfällt das Römische Reich. Die Hunnen unter König Attila vertreiben die Römer, ziehen sich aber 50 Jahre später wieder zurück.
454 Zur Völkerwanderungszeit kommen die Ostgoten in die Gegend, ihr großer König Theoderich wurde wahrscheinlich im Gebiet des heutigen Keszthely geboren.
567 Einfall der Awaren, eines asiatischen Reitervolkes.
803 Kaiser Karl d. Gr. zerschlägt das Reich der Awaren, erste slawische Siedler lassen sich nieder. Am südlichen Balaton entsteht ein Mischvolk, die »Keszthely-Kultur«. Aus dem slawischen »Blatno« (Sumpf) entsteht der Name »Balaton«.
896 Die Magyaren, ein Nomadenvolk, kommen aus dem Ural und erobern die Gegend um Donau und Theiß, später auch das Plattenseegebiet. Dieses Datum gilt als Geburtsjahr Ungarns.
1001 Stephan I., ein Nachkomme Árpáds, wird zum ersten König Ungarns gekrönt, das Land christianisiert. Die Burg in Veszprém wird erbaut und im Jahre 1002 Sitz der Königin. Die Gegend um den Plattensee entwickelt sich zum kulturellen Mittelpunkt Ungarns.
1122 Die Rechte des Adels werden in der »Goldenen Bulle« von König András II. wesentlich erweitert.
1240 Die Mongolen fallen ein, besiegen die Truppen von König Béla IV., zerstören Städte und Burgen. Nach ihrem Abzug, werden aus Angst vor weiteren Angriffen Burgen gebaut, u. a. in Sümeg, Tihany, Szigliget und Siófok.
1387 Sigismund von Luxemburg wird König von Ungarn, 1433 Kaiser des Heiligen Römischen Reiches.

Geschichte im Überblick

1446 Feldherr János Hunyadi wird zum Reichsverweser bestellt. Er kann angreifende türkische Gruppen abwehren.

1458 Matthias Corvinus, Hunyadis Sohn, wird auf Druck des Kleinadels in Buda zum König ausgerufen. Unter ihm entwickelt sich Ungarn zu einem kulturellen Zentrum.

1514 Ein Bauernaufstand gegen die Unterdrückung durch den Adel wird blutig niedergeschlagen.

1526 Nach der Schlacht bei Mohács besetzen die Türken unter Sultan Süleiman II., »dem Prächtigen«, das Gebiet, ziehen aber wieder ab. In den folgenden Jahren kommt es zu schweren Kämpfen um die Burgen der Plattenseegegend.

1541 Süleiman besetzt Budapest, elf Jahre später das Balaton-Gebiet. Die Türken errichten Festungen, in Siófok den Kriegshafen.

1686 Das christliche Heer unter Karl von Lothringen befreit Buda und erobert das Land. Die Habsburger-Herrschaft beginnt und damit die Unterdrückung der ungarischen Bauern und des niederen Adels. Im Laufe der folgenden Jahrzehnte lassen sich viele deutsche Weinbauern, Händler und Handwerker nieder.

1703 Der Fürst von Siebenbürgen, Ferenc Rákóczi II., kämpft mit seinem Bauernheer im »Kurutzenaufstand« gegen die Habsburger. Das Balatongebiet wird zu einem der Hauptschauplätze.

1711 Nachdem Russland und Frankreich Rákóczi ihre Unterstützung verweigern, wird der Aufstand niedergeschlagen. Die Habsburger zerstören nach ihrem Sieg Dörfer und Burgen. Am Balaton leben im Jahre 1720 nur noch etwa 6600 Menschen in 39 Gemeinden. Der Rest ist geflüchtet oder wurde ermordet.

1741 Maria Theresia wird Königin von Ungarn. Bedeutende Adelsfamilien siedeln sich am Balaton an und prägen das kulturelle Leben.

1797 György Graf Festetics gründet in Keszthely Europas erste Landwirtschaftsschule, das Georgikon.

Um 1810 István Graf Széchenyi und Lajos Kossuth stellen erste Forderungen nach nationaler Selbständigkeit Ungarns. Balatonfüred entwickelt sich, weil weniger im Blickpunkt Budapests, allmählich zum intellektuellen Zentrum und zum Treffpunkt der Oppositionellen.

1846 Auf Initiative Széchenyis und Kossuths nimmt das Dampfschiff »Kisfaludy« einen regelmäßigen Fährdienst auf dem See auf.

1848 Der Dichter und spätere Volksheld Sándor Petőfi und die »Märzjugend« rufen in Budapest durch die Proklamation der »Zwölf Punkte« die »Märzrevolution« aus. Schwere Kämpfe entbrennen auch am Balaton.

1849 Die Habsburger schlagen mit russischer Hilfe den Aufstand nieder. Ungarn wird quasi zur eroberten Provinz; dennoch erfolgt eine rasante Industrialisierung.

1861 Die Eisenbahnlinie am Südufer wird gebaut, der Balaton wird wieder zum geistigen Zentrum.

1867 Österreichisch-ungarischer Ausgleich, die k. u. k. Doppelmonarchie entsteht.

1891 Gründung des »Balaton-Komitees«, eines interdisziplinären Wissenschaftlerprojekts zur Erforschung und Erhaltung des Plattensees.

1900 Arbeiterunruhen in Budapest. Es kommt zu Aufständen. Wegen drohender Verarmung verlassen 1,5 Mio. Ungarn ihr Land. Die Wohlhabenden vergnügen sich am »Ungarischen Meer«, bauen Villen und feiern Bälle. Der Tourismus erreicht eine erste Blüte.
1914 Erster Weltkrieg. Unter den Fahnen der Habsburger zieht Ungarn mit Hurra, aber schlecht ausgerüstet in den Kampf. 380 000 Soldaten fallen.
1918 Die Doppelmonarchie zerfällt, in Ungarn wird die Republik ausgerufen.
1919 Für 133 Tage Herrschaft der kommunistischen Räterepublik. Rumänische Truppen besetzen Budapest.
1920 Reichsverweser Miklós Horthy zieht auf einem weißen Pferd in Budapest ein und lässt 5000 Anhänger der Räterepublik ermorden, einige hundert auch in Siófok. 70 000 Menschen werden inhaftiert.
Um 1930 Hohe Arbeitslosigkeit, Aufkommen faschistischer Bewegungen. Am Balaton richtet sich die »gute Gesellschaft« ein. Straßen werden gebaut, Hotels und Pensionen. Der See ist beliebtes Ziel der Mächtigen und Wohlhabenden.
1941 Kriegseintritt Ungarns an der Seite Hitler-Deutschlands. Zunehmender Antisemitismus, Judenverfolgung.
1944 Einmarsch deutscher Truppen in Budapest. Deportation der jüdischen Bevölkerung.
1945 Ungarn wird durch die Rote Armee befreit.
1949 Ungarn wird Volksrepublik unter kommunistischer Führung.
1953 Imre Nagy wird bis 1955 ungarischer Ministerpräsident, es folgt eine kurze Tauwetterperiode.
1956 Im Oktober Volksaufstand. Schwere Kämpfe in Budapest. Blutige Niederschlagung durch sowjetische Streitkräfte mit Panzern. János Kádár bildet eine neue Regierung.
1958 Imre Nagy wird als Hochverräter hingerichtet.
Ab 1960 Das Land wird liberaler. Wirtschaftlicher Aufschwung, starke Auslandsverschuldung. Der Plattensee wird eines der beliebtesten Urlaubsziele im Ostblock.
1987 Die Inflation galoppiert, der Lebensstandard, v. a. der städtischen Bevölkerung, sinkt. Erste große Demonstrationen seit 1956.
1989 Öffnung der Grenzen zu Österreich. Im Oktober Ausrufung der Republik. DDR-Bürger dürfen durch Ungarn in den Westen fliehen.
1990 Freie Wahlen. Das Ungarische Demokratische Forum (MDF), die Kleinlandwirtepartei (FKGP) und die Christdemokraten (KDNP) bilden eine Regierungskoalition. Ministerpräsident wird József Antall (MDF). In den folgenden Jahren sinkt der Lebensstandard, Arbeitslosigkeit und Mieten steigen.
1993 Am 12. Dezember stirbt József Antall; neuer Ministerpräsident wird Innenminister Péter Boross.
1994 Im Mai Parlamentswahlen. Die Sozialistische Partei (MSZP) des ehemaligen Außenministers Gyula Horn erringt die absolute Mehrheit.
1998 Der 32-jährige Viktor Orbán von den nationalliberalen Jungdemokraten wird Ministerpräsident.
1999 Am 12. März wird Ungarn in die NATO aufgenommen.
2000 Zyanidhaltiges Wasser aus einer rumänischen Goldmine zerstört alles Leben in der Theiss.

Kultur gestern und heute

Kulturgeschichtliches scheint gegenüber der Landschaft in den Hintergrund zu treten. Dabei haben schon die Römer den See genossen, in seinem heilsamen Wasser gebadet – und ihre Spuren hinterlassen. Relikte aus römischer Zeit sind die Festungsmauern des *Castrum Valcum* und Mauerreste einer Basilika bei Fenékpuszta, südlich von Keszthely. In Örvényes bei Balatonudvari hat man Teile von Villen und anderen Gebäuden (»Villa urbana«) freigelegt, in Balácapuszta kamen Fresken, Stuckarbeiten und Mosaiken ans Licht, die im Budapester Nationalmuseum und im Bakony-Museum Veszprém zu sehen sind.

Von Romanik bis Barock

Noch im Mittelalter standen rund um den See ein halbes Tausend Kirchen, Klöster und größere Steinbauten. Die meisten sind verschwunden, doch vor allem am Nordufer des Sees hat manches die Zeit überdauert.

Von romanischen Kirchenbauten blieben erhalten: die Krypta der Tihanyer Abteikirche, Reste der Benediktinerabtei und -basilika in Somogyvár südlich von Balatonboglár, die Propsteikirche von Felsőörs und die Dorfkirche von Egregy bei Hévíz. Besonderen Rang hat die Gisela-Kapelle in Veszprém mit Originalfresken aus dem 13. Jahrhundert.

Sehenswerte gotische Baudenkmäler sind die Pfarrkirche von Keszthely (1386) sowie die Pfarrkirche St. Stephan und die Ruine der Paulinerkirche mit Kloster, beide in Nagyvázsony.

Bemerkenswerte Relikte aus der Renaissancezeit sind das Grabmal des Bischofs Vetési in der St. Georgs-Kapelle zu Veszprém, Schloss Egervár sowie die restaurierten Burgen von Sümeg und Nagyvázsony.

Bunte Auflege-Stickerei aus Buzsák

Als Zeugnisse einer regen Bautätigkeit zur Zeit des Barock stehen zahlreiche Kirchen und Schlösser rund um den See; ein besonderes Kleinod ist die zweitürmige Benediktinerkirche von Tihany, lohnend aber auch ein Besuch im Festetics-Schloss von Keszthely, im Bischofspalais von Veszprém und Sümeg oder im Schloss von Lesencetomaj bei Tapolca.

Volkskunst und Trachten

Schöne Beispiele für die Volksbaukunst finden sich noch in manchen Dörfern; unter Denkmalschutz stehen Bauernhäuser in Balatonakali, Balatonarács und Szigliget; im Freilichtmuseum von Tihany hat man gleich vielerlei beisammen.

Im Osten des Balaton (Sármellék, Zalavár) sowie südlich vom See (Buzsák und Umgebung, Karád) tragen die Frauen an Feiertagen noch die traditionelle Volkstracht. Auch wird hier das Kunsthandwerk (Applikationsstickerei, Weißstickerei, Hirtenschnitzerei) noch liebevoll gepflegt.

Szene vom Künstlerfest in Kapolcs, das Ende Juli gefeiert wird

Der neue Drang »hinaus« – Künstler am Balaton

Es war noch vor der »Wende« im Jahre 1989, da erlebte der gute alte Plattensee eine Renaissance. Es galt in Budapester Intellektuellen- und Künstlerkreisen als schick, an verlängerten Sommerwochenenden hinunter zum Balaton zu fahren. Viele hatten in der Verwandtschaft jemanden, der dort ein Häuschen besaß, das wurde dann zum Treffpunkt der Szene. Nach dem politischen Umbruch sah man sich plötzlich in einer neuen Situation. Tausende von Häusern standen nun zum Verkauf, gleichzeitig drängten kapitalkräftige Deutsche, Österreicher und im Ausland lebende Ungarn ins Land und drohten alles wegzukaufen. Die Szene handelte. Es bildeten sich Interessengemeinschaften, die die letzten Forint zusammenkratzten und für umgerechnet wenige tausend Mark ein Häuschen kauften. So kommt es, dass vor allem im Hinterland des Nordufers fast in jedem Dorf so genannte »Künstlerhäuschen« stehen. An knallig heißen Sommerwochenenden ist so manche Budapester Szenenkneipe gähnend leer, die Vernissagen, Privatkonzerte, Lesungen und Feten finden draußen auf dem Lande statt. Die Dorfbevölkerung nimmt es gelassen und freut sich, dass wieder Leben im einst so öden Weiler ist. Man hat guten Kontakt miteinander, erhält Milch, Wein und Schweinernes vom Nachbarn. Manche haben, z. B. in Salföld und Kapolcs, sich sogar ganz aufs Land verzogen, ihnen ist in Budapest die Miete zu hoch und die Luft zu schlecht. Sie haben Ateliers eingerichtet oder kleine Galerien eröffnet, einige machen sogar eigenen Wein oder pflanzen in einem Eckchen des Gartens Heilkräuter. So kommt der Balaton wieder zu gewohnten Ehren, wenn sich auch die »intelligencia« etwas vom Ufer weg ins Hinterland verlagert hat.

Bei den Volksfesten erfreut man sich an den deftigen Fleischtöpfen

Feste & Veranstaltungen

- **März:** Auch für Besucher des Sees ist das **Budapester Frühlingsfestival** interessant. Es gibt Opernaufführungen, Theaterstücke, Klassische, Jazz- und Popmusik. Der 15. März ist offizieller **Gedenktag des Aufstands von 1848** und ein Feiertag.
- **April:** Zu **Ostern** wird ein alter Fruchtbarkeitsbrauch gefeiert: Junge Burschen klopfen bei Mädchen an die Tür, besprühen sie mit Duftwässerchen und erhalten dafür ein Osterei oder ein Gläschen Schnaps.
- **Mai:** Mitte des Monats wird in Balatonfüred mit einem **Segelfest** die Saison eröffnet.
- **Juni:** Beginn des zwei Monate dauernden **Helikon-Festivals** in Keszthely mit klassischer Musik im Schloss. Den Sommer über gibt es **Orgelkonzerte** in der Abteikirche von Tihany.
- **Juli:** Am 26. Juli wird in Balatonfüred der **Annenball** gefeiert. Begründet wurde diese Tradition, als 1825 Zsigmond Horváth von Szentgyörgy anlässlich des Namenstages seiner Tochter Anna erstmals zum Tanze lud. Ende Juli feiert die Künstlerkolonie in Kapolcs ein **Künstlerfest** mit Workshops, Lesungen und Theateraufführungen.
- **August:** Am 20. August wird der **St. Stephanstag** zu Ehren von König Stephan gefeiert; in Budapest gibt es an dem Tag ein großes Feuerwerk. In Balatonboglár wird ein **Preis für den besten Holzschnitzer** vergeben – verbunden mit einem großen Fest. Ende des Monats feiert man ein **Weinfest,** auch in Balatonboglár.
- **September:** Ende September wird in Badacsony der Abschluss der Saison mit einem großen **Weinfest** gefeiert. Am 25. September beginnen die **Budapester Kunstwochen** mit anspruchsvollen Konzerten.
- **Oktober:** Der 23. Oktober ist gesetzlicher **Feiertag** (zum Gedenken an die Ausrufung der Republik Ungarn 1989).
- **Dezember: Weihnachtsfest** mit Christbaum und Geschenken. Traditionelles Essen: Karpfen oder Karpfensülze.

Ab dem 18. Jh. war es bei Budapester Intellektuellen Mode, sich draußen am See inspirieren zu lassen, um sich dann wieder zurückzuziehen und zu schreiben, zu malen oder zu philosophieren. Der Dichter Sándor Kisfaludy gründete in Füred das erste ungarischsprachige Theater und schrieb herzzerreißende Oden an die Schönheit des Balaton.

Die Operettendiva Lujza Blaha, Anfang des 20. Jhs. eine der gefeiertsten Künstlerinnen Ungarns, besaß in Balatonfüred eine große klassizistische Villa. In ihrer Nachbarschaft verbrachte der Romancier Mór Jókai die Sommermonate in einem Haus im Stil der Neorenaissance. Auch er war ein glühender Verehrer des Sees.

Tipp **Jókai Bableves:** Begegnen Sie dem berühmten ungarischen Romancier Mór Jókai auf einer Speisekarte. Die deftige Bohnensuppe mit Räucherfleisch und saurer Sahne ist ein Nationalgericht.

In Balatonfüred, Keszthely und vielen anderen Gemeinden wurden rauschende Bälle gefeiert, aber auch Meilensteine der Kulturgeschichte Ungarns gesetzt. Nach dem Ersten Weltkrieg verflachte dies und erlosch nach 1945, in der Zeit des Sozialismus, vollständig.

Wären nicht Veranstaltungen wie das Helikon-Festival in Keszthely, das an die berühmten Treffen der Intellektuellen im 19. Jh. erinnert, und gäbe es nicht eine junge Garde avantgardistischer Künstler, die die Dörfer im Norden besiedelt hat (s. S. 23), der Balaton wäre auch heute eine kulturelle Einöde. Es bleibt die Hoffnung, dass sich im Zuge der Bestrebungen, den Tourismus am Plattensee qualitativ zu verbessern, auch auf dem Kultursektor einiges ändern wird.

Karpfenfisch und Schweinespeck

Freunde leichter Küche, die mit der deftigen, kalorienhaltigen ungarischen Kost ihre Probleme haben, dürfen getrost an den Plattensee fahren. Zwar wird auch dort viel Schweinernes aufgetischt, doch muss man nach einem Urlaub am Balaton nicht gleich fünf Kilo mehr auf der Waage befürchten.

Fisch satt

Der Grund ist die Fischvielfalt im See. Von den über 50 Arten kann man die meisten verzehren. Am beliebtesten ist eine Zanderart, die nur im Plattensee vorkommt und *balatoni fogas* genannt wird. Sie hat festes, weißes Fleisch mit wenig Gräten und ist besonders als Filet zu empfehlen. Geschmacklich unterscheidet sie sich nicht vom normalen Zander oder Schill, der allerdings auch eine Delikatesse ist. Entdeckt man einen *süllő* auf der Karte, sollte man unbedingt zugreifen. Der Süllő nämlich ist der junge Zander unter 1,5 kg und um einiges zarter in Geschmack und Konsistenz als ältere Jahrgänge.

Weitere schmackhafte Balaton-Fische sind Karpfen, Hecht, Wels und Stör. Wegen ihrer vielen Gräten werden die massenhaft vorkommenden Weißfische kaum noch angeboten, doch besonders für Suppen und Eintöpfe sind sie bei Kennern wegen ihres kräftigen Geschmacks sehr beliebt, für die berühmte Fischsuppe *halászlé* gar unverzichtbar (s. S. 27).

Prinzipiell gilt, dass man den Fisch so schlicht und unverfälscht wie möglich zubereiten sollte. Beigaben wie

Prachtexemplar eines »balatoni fogas«

Krabben, Schinkenwürfel oder sonstiges Fleisch überdecken den zarten Eigengeschmack des Fischs. Auch das Frittieren beeinträchtigt den Geschmack des sensiblen Fischfleischs. Die in Ungarn so beliebte *tartármártás* (eine Art Mayonnaise, selten hausgemacht) überlagert stark den eigentlichen Geschmack. Vom Grill jedoch oder gedünstet mit etwas Zitrone und Salatbeilage wird der Balatonfisch zu einem kulinarischen Erlebnis.

Deftige Fleischgerichte

In der Balaton-Gegend wächst nicht nur Fisch heran, der See hat ein fruchtbares Hinterland, in dem auch zarte Lämmer, kernige Wildschweine, aromatische Rehe und – während der Saison – eine Vielzahl von herrlichen Obst- und Gemüsesorten gedeihen. Die ungarische Küche ist angesichts dieses natürlichen Reichtums noch relativ eintönig, man sollte sie nicht etwa mit der italienischen oder französischen Küche vergleichen.

Klassiker der ungarischen Küche sind die Fleischtöpfe, allen voran das *pörkölt*. Bei uns versteht man darunter Gulasch, gewürfeltes Fleisch von Rind, Schwein, Hammel, Wild, Kaninchen, Kalb oder Huhn in dicker, meist rotbrauner Zwiebelsoße. Das wahre Pörkölt lebt vom Fett, es braucht Schweineschmalz als Geschmacksträger, das ist zwar nicht gesund, aber es schmeckt. Und Pörkölt mit dunklem Fleisch wird umso besser, je länger es köchelt. Früher simmerte ein Pörkölt manchmal einen Tag lang am Rande der Herdplatte vor sich hin, so dass die Zwiebeln ihre Konsistenz verloren und in der Soße aufgingen.

Über dem offenen Feuer gegart

Heute muss es leider oft schneller gehen, und das schmeckt man. Gewürzt wird mit Paprikapulver; leicht gebunden wird traditionell mit einer Mehlschwitze. Fügt man dem Pörkölt vor dem Servieren saure Sahne zu, heißt es *paprikás* und ist eine weitere ungarische Spezialität. Als Beilagen werden Kartoffeln, Reis oder Nockerln serviert.

Tipp **Paprika-Zubereitung:** Für die ungarische Hausfrau ist es selbstverständlich, im Westen wenig bekannt: Paprika sollte man vor dem Dünsten von der Schale lösen; sie schmeckt bitter und ist schwer verdaulich. Am leichtesten lässt der Paprika sich schälen, wenn man ihn kurz in heißes Wasser legt und dann kalt abschreckt.

Halászlé, eine Suppe in der Sinnkrise

Vor etwa hundert Jahren war die Welt der Fische und der Fischer am See noch in Ordnung. Die Fischer am Balaton fuhren hinaus, waren manchmal sogar drei oder vier Tage auf dem Wasser unterwegs. Die Fische, die sie gefangen hatten, zogen sie in einem mit Wasser gefüllten Boot hinter sich her – so blieben sie frisch.

Das klassische Rezept: Bekamen die Fischer Hunger, holten sie einen bauchigen Kochkessel, den *bogrács,* hervor. Hinein gaben sie Wasser aus dem See, einige fein geschnittene Zwiebeln, im Sommer ein paar Tomaten, etwas Salz und einen speziellen, ganz fein gemahlenen Paprika, möglichst aus der Gegend um Baja an der Donau. Dort haben sie den besten Paprika, der die Fische schön rot färbt.

Dann schnitten die Fischer einigen Karpfen fein säuberlich die Fettschicht vom Rücken und gaben das Fleisch in den Topf. Lässt man nämlich das Fett am Fischfleisch, schmeckt die Suppe dumpf und brackig wie ein Feuchtbiotop. Obenauf legten sie einen alten Fischerkittel und ließen den eingelegten Fisch eine Stunde ziehen. Dann heizten sie ein Feuer an, und die Suppe musste eine halbe Stunde köcheln. Wichtig war, dass obenauf keine Fettschicht zu sehen war, sondern nur ein brauner Schaum, den sie abschöpften. Kurz bevor das Gericht fertig war, rührten sie schließlich eine halbe, fein zerdrückte Knoblauchzehe hinein, das sorgte für eine pfiffige Bindung der *halászlé,* der typischen ungarischen Fischsuppe. Die Männer am Balaton aßen die Suppe so, wie sie aus dem *bogrács* kam, an der südlichen Donau dagegen nahm man sich drei Teller: einen für den Fisch, einen für die Suppe und einen weiteren mit Nockerln.

Inzwischen ist alles anders geworden. »Es gibt am Balaton keine anständige *halászlé* mehr«, poltert János Gönczy, der frühere Leiter der Balaton Fischerei AG in Siófok. In einem normalen Topf könne man keine kochen, außerdem brauche man Balaton-Wasser, und das könne man nicht mehr nehmen. Ganz zu schweigen davon, dass sie mittlerweile viele verschiedene Fische verwendeten, und einen alten Kittel, den lege schon lange niemand mehr drüber. Und dann sei da noch die Sache mit dem Paprika, dem Karpfenfett, der halben Knoblauchzehe ...

János Gönczy, ein kräftiger Mann mit dunkler Stimme und buschigen Augenbrauen, schimpft. Weit gereist ist er, sogar in Brasilien unterstützte er schon Fischfangprojekte. Nun kämpft der gelernte Fischer in der Heimat für die Renaissance der traditionellen *halászlé.* Ob er damit Erfolg hat, das wird sich zeigen. Jetzt ist ein leichter Trend in Richtung ursprüngliches Kochen zu verzeichnen. Und vielleicht wird man eines Tages auch wieder im Restaurant eine richtige, traditionell gekochte *halászlé* essen können. Es wäre dann sicherlich das Verdienst von János Gönczy.

Die Weinberge am Plattensee sind ein echter Schatz Ungarns

Sehr beliebt sind Braten aller Art, die mit einer sämigen Soße gereicht werden: Der Jungfernbraten etwa *(szűzpecsenye) ist* ein schönes Stück vom jungen Schwein, nach der Bozsoker Art mit Schweinemett gefüllt. Oder der Rostbraten *(rostélyos),* ein Schmorbraten, der in verschiedenen Variationen zubereitet wird, immer aber auf einem Lendenstück oder Roastbeef basiert. Die bekanntesten sind der Hortobágyer Rostbraten, der mit einem Griesskloß und vielen Kräutern auf den Tisch kommt, oder der Rostbraten nach Fürst Esterházy mit einer Soße, die mit Sauerrahm und Senf abg eschmeckt ist.

Weitere Spezialitäten

Kurz Gebratenes gibt es in Ungarn wenig, wenn es nicht in alter Tradition der Doppelmonarchie als Paniertes daherkommt; allem voran das Wiener Schnitzel, das seit der k.u.k. Zeit durchaus auch als ungarische Spezialität zu bezeichnen ist. Wichtig: Das Fleisch muss dünn geschnitten und vom Kalb, die Panade dick und in viel Schweineschmalz goldgelb gebacken sein. Leider sind viele Restaurants dazu übergegangen, das Wiener Schnitzel in der Fritteuse (und meist in schlechtem Fett) zuzubereiten – ein Frevel und keine gute Visitenkarte für den Koch.

Für den Feinschmecker sehr interessant kann die Liebe der Ungarn zu Innereien sein (Ungarn ist nach Aussagen des dortigen Landwirtschaftsministeriums immer noch BSE-frei!). Mit Hirn gefülltes Kalbsschnitzel, Kuttelgulasch oder ein pikantes Geflügelmagenragout zum Beispiel sind landestypische Delikatessen und selbst für Nichtkenner durchaus eine kulinarische Versuchung.

Umstritten und eine Gewissensfrage für jeden Gourmet ist die allseits berühmte Gänsestopfleber, zumindest für den Tierfreund. Stopft man doch den Gänsen ein Metallrohr in den Schlund, um ihnen einen fetten Getreidebrei in den Magen zu pumpen. Die Leber speichert dieses Fett und nimmt abnorme Ausmaße an. So ist eine drei Pfund schwere Gänseleber keine Seltenheit.

Gediegenes und Nepp

In vielen Restaurants am Balaton bemüht man sich, nun auch gehobeneren internationalen Ansprüchen gerecht zu werden. Früher lautete die Maxime: viel Fleisch für wenig Geld

Berauschendes

Seit Jahrhunderten wird am Balaton **Wein** angebaut. Der vulkanische Boden und die durch Eisenoxide rot gefärbten Kalk- und Sandsteinböden an den Hügeln des Nordufers in Verbindung mit der fast 2000 Stunden im Jahr scheinenden Sonne bieten für den Weinbaui deale Voraussetzungen. Seit einiger Zeit versucht man sich auch am südlichen Ufer im Weinbau, allerdings nur mit mäßigem Erfolg.

Seit 1989 setzen auch die großen Kellereien mehr auf Qualität, große Zukunftschancen aber haben vor allem die Winzer mit kleinen Gütern, die frühzeitig die Zeichen der Zeit erkannt hatten und ihre Produktion umstellten. Sie beschränken sich auf wenige Sorten: Welschriesling, Grauburgunder, Grauer Mönch (Grauburgunder, ungarisch: *szürkebarát*) oder Blaustengler. Sie benutzten weniger chemische Zusätze und reduzierten den Ertrag zugunsten höherer Qualität. Die gut ausgebauten Tropfen können sich mit französischen, italienischen oder deutschen Weinen messen.

Diese Spitzenweine sind teurer, als man dies von Ungarn gewohnt ist. Drei bis fünf Mark pro Liter Weißwein sind mindestens zu veranschlagen, aber dafür erhält man Qualitätsweine, für die man zu Hause das Vier- bis Fünffache zahlen müsste. Zwei ehrgeizige junge Winzer sind: **Bence Thorday,** Kossuth u. 3, Kisapáti, und die Firma **Kál Vin,** Diófa u./Ecke Petőfi Sandor u., Refülöp.

Auch Freunden des kühlen Blonden winkt etwas Besonderes. Im Hinterland des Nordufers haben sich zwei kleine Hausbrauereien etabliert, die ein hervorragendes obergäriges **Bier** herstellen. Man kann dabei zusehen, während man genüsslich sein *pohár sör* (Glas Bier) schlürft. Das Bier ist naturbelassen und nicht pasteurisiert, es hält sich daher nur eine Woche. Kenner lassen es sich naturtrüb abfüllen. Die Adressen: **Kiss József,** Május 1 út, Polgárdi (Ortsausgang Richtung Süden, vorbei an einer kleinen Tankstelle, am Schild »Egyetértés MGTSZ« nach rechts, nach 300 m wieder rechts in einen kleinen Weg einbiegen), und **Serfőzde Nagyvázsony** (in Nagyvázsony Ortsausgang Richtung Balaton, neues Gebäude auf der linken Seite).

In Nagyvázsony hat 1994 ein junger Mann aus Veszprém mit der Produktion einzigartiger **Schnäpse** begonnen. István Samu hat seinen Job als Chemiefacharbeiter an den Nagel gehängt, die örtliche Brennerei gemietet (von Veszprém kommend links bergab Richtung Nagyvázsony, ganz im Tal am Bach links) und stellt nun sortenreine, mehrfach gebrannte Wässerchen her. Sehr zu empfehlen sind der Trester oder Grappa (Törköly) und der Weinhefebrand (Seprő). Samu verkauft seine Produkte auch in der oben genannten Brauerei am Ort.

Weine aus Ungarn sind zu beziehen über: Weinhandlung **TOFI** (Frohsinnstr. 9, 63739 Aschaffenburg, Tel. 0 60 21/20 09 10, Fax 20 09 13, www.exclusive-weine.de).

Die alte Probstei in Felsőörs – heute ein Gasthaus

und dazu billiges Bier und dröhnenden Schnaps.

Der neue Trend ist international und führte zu allerlei Verrenkungen. Zu Hunderten öffneten kleinere und größere gastronomische Privatbetriebe, die sich vom Tourismus das große Geld versprachen. Auf den langen Speisekarten wird neben ungarischen Speisen Italienisches angepriesen, Fernöstliches, Deutsches, Spanisches, Mexikanisches und/oder Amerikanisches. In der Küche stehen eine große Tiefkühltruhe, eine Friteuse und der unvermeidliche Mikrowellenherd.

Bodenständig und originell

Doch hat auch der Trend zur Qualität den Balaton erfasst. So findet man dort auch einige ganz schlichte Wirtshäuser, in denen ein herrliches Essen gekocht wird. Obendrein haben sich einige wenige, doch durchaus niveauvolle Lokale etabliert, die sehr zu empfehlen sind. Sie liegen allerdings fast alle etwas abseits im nordwestlichen Hinterland des Balaton. Direkt am Ufer herrscht rund um den See meist noch die Billiggastronomie vor.

Beispiele für einfache, gute Wirtshäuser und gehobene Restaurants werden im Folgenden vorgestellt (weitere Tipps finden Sie jeweils bei den Routen, Wanderungen und entlang der Fahrradtour).

Restaurants

- **Betyárcsárda,** Nemesvámos (südlich von Veszprém), Tel. 088/265-087; Ostern–Oktober 18–22 Uhr. Was auf den ersten Blick arg touristisch aussieht, entpuppt sich als Restaurant der gehobenen Klasse. Die Speisekarte bietet Spezialitäten, die sonst nirgendwo zu finden sind, z. B. Lammbraten mit Minze, Ente mit Kirschsoße oder hausgemachten Ziegenkäse. Abends Begleitprogramm mit Musik und Tanz. ❍❍❍
- **Diana Restaurant,** Szt. László u. 41–43, Siófok, Tel. 084/315-296; ganzjährig. Modernes Haus in Ufernähe; Beispiel für die »neue Welle«, doch kocht man dort recht gut. Die Fischgerichte sind empfehlenswert. ❍❍❍
- **Oázis Panzió,** József Attila u. 5 Nagyberény (15 km südl. von Siófok), Tel. 084/382-510; Mai–Oktober. Neues Restaurant (und Pension) mit herrlicher Aussicht. Gekocht wird gehoben ungarisch. ❍❍❍
- **Aranykorona Restaurant,** Kossuth Lajos u. 11, Balatonfüred, Tel. 087/343-916; ganzjährig. Bodenständiges Lokal mit guten Fisch- und Wildgerichten. Großer Garten. ❍❍
- **Batthyány Kastélypanzió,** Meggyeskovácsi (südlich von Sárvár), Tel. 095/492-164; ganzjährig. Eine der besten Küchen im Großraum Balaton. Seit 1988 kochen László Nyers und Frau Márta in dem Schlösschen

(erbaut 1684) im verfeinerten ungarischen Stil. Große Veranda, schöne Weinstube im Gewölbekeller. ❍❍

▮ **Artemis,** Ortsausgang Richtung Tapolca, Diszel (östl. von Tapolca), Tel. 087/412-657; ganzjährig. 1995 eröffnetes Hotel-Restaurant in einem Gutshaus außerhalb des Orts. Empfehlenswerte Wildgerichte. Schöner Garten. ❍❍

▮ **Káli Vendéglő,** Jókai utca 48, Kővagóörs (Nordufer, nahe bei Refülöp), Tel. 087/463-016; ganzjährig. Großes Restaurant mit guter Küche; früher Geheimtipp, mittlerweile bekannt. Erreicht die Rechnung 7000 Ft, bekommt der Gast eine Flasche Wein mit dem Emblem der Gaststätte geschenkt. ❍❍

▮ **Gasthof zur Mühle,** Balatonboglár, Ortsteil Szőlőkislak, Malom u. 1, Tel. 085/353-625; tgl. 10–23 Uhr. Das Restaurant (auch Pension) bietet gute ungarische Küche zu fairen Preisen. Im Sommer Biergarten um einen gemauerten Grill. ❍❍

▮ **Andreas,** Debrecenyi Gyula u. 4, Badacsonytördemic (Nordufer), Tel. 087/433-108; ganzjährig. Einfache Wirtschaft mit ambitioniertem, jungem Koch. Geboten werden deftige ungarische Speisen, zubereitet nach klassischer Art. Schöner Innenhof. ❍

▮ **Konditorei Bergmann,** Petőfi Sándor u. 60, Balatonfüred, Tel. 087/341-087; ganzjährig. Die besten Torten und Süßleckereien im weiten Umkreis. Modern-steriler Innenraum (rauchfrei!), doch schöne große Terrasse. ❍

▮ **Kisvendéglő,** Szigliget, Iharos 4, Tel. 087/461-210; 11–23 Uhr, Betriebsferien vom 30.10. bis 16.12. Pflegt die regionalen Spezialitäten der ungarischen Landküche, z. B. den Krautauflauf. ❍

Urlaub aktiv

Längst sind die Zeiten vorbei, da für die meisten Gäste der Urlaub am Balaton nur aus Strand, Sonne und üppigen Mahlzeiten bestand. Auch hier hat man erkannt, dass die Ferien, in denen man sich bewegt und etwas erlebt, nicht nur interessanter, sondern auch erholsamer sind. Der Balaton und seine schöne Umgebung bieten für einen aktiven Urlaub viele Möglichkeiten. So hat der **Segelsport** auf dem See eine lange Tradition. Seit den sechziger Jahren des 19. Jhs. führt man hier Segelregatten durch. Es gibt rund um den See unzählige Yachtclubs. Zentrum des Segelsports aber ist Balatonfüred.

Der gesamte See ist für Motorboote gesperrt, so dass man sich ungestört den Wasserfreuden widmen kann. Vor allem bei **Surfern** ist er wegen der kräftigen Winde sehr beliebt. Vermieter von Surfbrettern und Booten gibt es rund um den See, die meisten in Balatonfüred und Siófok. Auch Unterricht in diesen Sportarten kann man bekommen. Die 600 km² große Wasserfläche ist ein einziger Spielplatz, auf dem natürlich Wassersport betrieben wird (vgl. Special S. 8f.).

Schwimmen war und ist auch am Balaton die volkstümlichste Art, sich sportlich zu betätigen; schon 1836 hat der populäre Politiker Miklós Wesselényi von Tihany bis Füred den halben See durchschwommen, und 1880 wurde der Balaton an seiner fast breitesten Stelle von Kálmán Szekrényessy überquert. In Erinnerung an diese sportlichen Leistungen werden auf eben diesen Strecken alljährlich am 20. und 21. August Langstreckenschwimmwettbewerbe ausgetragen.

Besonders interessant ist der Balaton für **Angler.** Dank des Fischreich-

Der Balaton ist ein relativ flaches Gewässer und eignet sich ideal für Wassersportler

tums des Sees ist es fast ein Ding der Unmöglichkeit, den Haken ohne Beute wieder aus dem Wasser zu ziehen. Bevorzugte Fischgründe gibt es in der Bucht von Tihany, weil dort das Wasser am tiefsten ist. Anglerkarten sind bei Reisebüros und Fremdenverkehrsämtern erhältlich.

i Informieren kann man sich auch direkt beim ungarischen **Anglerverband:** MOHOSZ, Moszár utca 8, 1066 Budapest, Tel. 01/132-53 15, Fax 132-95 50.

Auch für Landratten bietet der Balaton viele Möglichkeiten, sich sportlich zu betätigen. Besonders schön ist es, im nördlichen Hinterland einen **Ausritt** zu machen. Pferde sind an vielen Orten rund um den See zu mieten, und Reitstunden kann man preiswert nehmen. Immer beliebter werden **Wandern** und **Radfahren** (siehe dazu auch die Routen 3 und 4). Fahrräder sind während der Saison fast überall zu mieten, man muss nur den Zustand des Rades vorher prüfen. Wer längere Touren vorhat, sollte sich sein Rad mitbringen. Geplant ist, einen durchgehenden Radfahrweg rund um den See entlang der Bahnlinie zu erbauen. Der erste Abschnitt von Keszthely zum kleinen Balaton ist schon eröffnet.

Einige ausgewählte Adressen

- **Fahrradverleih:** Bringa Bike, Nádor utca 37, Balatonfüred, Tel. 087/481-007.
- **Reiten:** Baracskay Lajos, József Attila utca 7, Nemesgulács, Tel. 087/433-706; Tusculanum, Mindszentkálla, Tel. 087/478-062; Lovasudvar, Felsőörs, Fő utca 26, Tel. 087/377-356; Leányfalui Lovasklub, Nemesleányfalusi u. 10, Tel. 088/264-705.
- **Fliegen:** Flugplatz Balatonkeresztur. Rundflüge mit Sportflugzeugen, Drachen oder Helikopter, Heißluftballonflüge, Fallschirm-Tandemsprung, Pilotenausbildung und Hangarvermietung, Tel. 06 20/968-4774.
- **Surfen:** Windsurfschule in Balatongyörök. Surf- und Segelschule, Grundkurse für Kinder und Erwachsen, Verleih von Surfbrettern und Booten. Castrum Feriendorf, Tamási Imre, Tel. 06 20/915-5335 (s. a. den Special-Text Wassersport S. 8f.).

Unterkunft

Die Hotellerie hat am Balaton eine große Tradition. Bereits im 18. Jh. kamen Kurgäste nach Hévíz und in andere Heilbäder und blieben dort manchmal monatelang. Die große Zeit der Herbergswirtschaft begann Mitte des 19. Jhs., als Orte wie Balatonfüred Gäste aus ganz Ungarn, Österreich und sogar Italien begrüßen durften. Es war die Zeit des großen Luxus, denn auf das, was man in Wien, Triest oder Budapest an Bequemlichkeiten hatte, wollten die Herrschaften auch im Urlaub nicht verzichten. Die Hotellerie war ein bedeutender Wirtschaftszweig; die gräfliche Familie Széchenyi gründete im Jahr 1896 sogar eine Aktiengesellschaft und unterhielt eine ganze Kette von Hotels und Kuranstalten.

Später, in den Jahren nach 1930, weitete sich die Branche aus. Selbst der kleine Ort Balatonboglár hatte zu dieser Zeit 250 Hotelzimmer, 150 Villen und 30 Häuser an Urlaubsgäste zu vermieten. Das Tief für die Privatbetreiber kam nach dem Zweiten Weltkrieg, als die meisten Betriebe verstaatlicht wurden.

Jahrhundertelang war der Balaton ein Vergnügen für Privilegierte gewesen, das sollte sich nun ändern. In den 1950-er und 1960-er Jahren wurden die meisten Häuser zu Erholungsheimen staatlicher Firmen, Produktionsgenossenschaften oder der Gewerkschaft umfunktioniert. Weitläufige Kinderlager entstanden z. B. in Zánka. Alles war gut organisiert: Die Eltern hatten ihre Ruhe in den Erholungsheimen, die Kinder ihren Spaß zusammen mit 2000 Spielkameraden.

Dies war einerseits eine segensreiche Sozialeinrichtung, da nun jedermann Urlaub machen konnte, andererseits litt das Niveau. Was da an Erholungsburgen für die Urlauber aus Ungarn und den sozialistischen Bruderländern gebaut wurde, waren billigste Zweckbauten. Riesige Betonklötze säumen seitdem das Balatonufer. Mehr und mehr kamen auch Urlauber aus dem Westen, die nicht schön, sondern preiswert Ferien machen wollten. So entwickelte sich nach und nach eine Fließband-Hotellerie ohne Charme und Service.

Eine der komfortablen Privatpensionen

Nach der Öffnung der Grenzen 1989 blieben die Touristen aus. Das musste man am Plattensee erkennen, und man begann, sich langsam einem internationalen Standard anzugleichen. Viele frühere Erholungsheime wurden wieder privatisiert und mit viel Aufwand und ausländischem Geld komfortabler gestaltet. Gleichzeitig schossen unzählige Privatpensionen aus dem Boden, die den Vergleich mit westlichen Häusern nicht zu scheuen brauchen.

Tipp Von der »guten« Stube bis zur exklusiven Ferienwohnung: Verzeichnisse **privater Zimmervermieter**

Warten auf die Gäste

sind beim Verband für Dorftourismus (Magyar Falusi Vendégfogadók), Pf. 6, 1360 Budapest, erhältlich.

Im Folgenden werden kleinere und größere Häuser genannt, bei denen sicher ist, dass das Preis-Leistungs-Verhältnis stimmt. Die meisten Häuser bieten Zimmer mit Bad oder Dusche, meist auch mit Telefon und Fernseher. Ausgespart bleiben hier die alten »Hotelbunker«, die noch immer in Betrieb sind. Ebenfalls aufgeführt sind einige Adressen im Hinterland des Sees, vor allem im Káli-Becken nördlich vom Berg Badacsony.

Hotels und Pensionen

Nordufer und Hinterland

- **Abbázia Club Hotel,** Erzsébet Királyné utca 23, 8360 Keszthely, Tel./Fax 083/312-596. www.clubabbazia.com
Heller, moderner Neubau in der Innenstadt mit 25 architektonisch sehr pfiffig gestalteten Zimmern. Alle sind verschieden geschnitten, teils zweistöckige Appartements unter der Dachschräge. Alle haben TV und Telefon; ganzjährig. ❍❍❍
- **Hotel Flamingo,** Széchenyi utca 16, 8230 Balatonfüred, Tel. 087/343-707, Fax 343-318, www.flamingohotel.hu
1995 eröffnetes freundliches Hotel direkt am See mit 52 Zimmern, 26 mit Balkon und Seeblick. Alle Zimmer entsprechen internationalem Standard und haben TV, Minibar, Telefon. Zum Hotel gehört ein Privatstrand; ganzjährig geöffnet. ❍❍❍
- **Kastély és Park Hotel,** Fürdötelepi út 1, 8237 Tihany, Tel. 087/448-611, Fax 087/448-409, www.hotelfured.hu. Stilvolles Ambiente in einem reizvollen Park direkt am Wasser. Haustiere erlaubt. ❍❍❍
- **Kőtenger Panzió,** Bem utca 5, 8281 Szentbékkálla, Tel./Fax 087/478-839. Einfache Pension in ruhiger Lage in einem Dorf, 10 km nördlich des Sees im Káli-Becken. Vermietet werden 7 große, komfortable Zimmer. Zum Haus gehört eine Reitschule; die Weine aus eigener Lese werden kostenlos gereicht. Für Urlaub mit Kindern sehr geeignet; Mai–September. ❍❍
- **Gasthof Patkó,** 8622 Szántódpuszta, Tel. 084/348-714, Fax 348-947, www.siotour.hu. 250 Jahre alter komfortabler Gasthof in romantischer Umgebung; ca. 12 km von Siófok entfernt, originalgetreu restauriert. Für Urlaub mit Kindern sehr geeignet. Folkloristische Veranstaltungen, Reitstunden, liebevoll eingerichtetes Aquarium, in dem alle Fische des Balatons leben; April–Mitte Okt. ❍❍
- **Seeblick Panzió,** Örkény István sétány 17, 8229 Csopak, Tel. 087/346-534. Große Privatpension direkt am Ufer mit 7 geräumigen, modern eingerichteten Zimmern, die mit Gemälden eines ortsansässigen Künstlers ausgestattet sind. Das Haus wurde 1987 gebaut und wird seit 1992 als Pension betrieben; Mai–September. ❍❍
- **Hotel Blaha Lujza,** Blaha Lujza utca 4, 8230 Balatonfüred, Tel. 087/

Das Hotel am Mühlenteich in Tapolca mit einem 200 Jahre alten großen Mühlrad

581-210, Fax 581-219, www.hotelblaha.hu. Große klassizistische Villa mitten in Füred, die 1867 von der Operettensängerin Lujza Blaha erbaut wurde. Sie verbrachte hier 23 Jahre lang jeden Sommer. Das Hotel strahlt noch die »Morbidezza« vergangener Zeiten aus. Die Einrichtung der 19 Zimmer ist nicht modern, doch die Räume sind sehr charmant. Prächtig ist besonders der Speisesaal; Mitte April–Mitte Oktober. ❍❍

▮ **Kastélyszálló Nagyvázsony,** Kossuth Lajos u. 12, 8291 Nagyvázsony, Tel./Fax 088/264-109, www.pwd.at/ungarninfo/schloesser Schloss der Zichy-Familie von 1730. 1969 renoviert und als Hotel eröffnet. Von allen 20 Zimmern hat man einen schönen Blick auf den großen Park. Möglichkeiten zum Reiten und Wandern; April–Ende Oktober. ❍❍

▮ **Hotel Margaréta,** Széchenyi utca 29, 8230 Balatonfüred, Tel. 087/343-824, Fax 341-088. Renoviertes Haus, 5 Minuten zu Fuß zum Ufer. Alle 51 Zimmer haben Balkon, TV und Telefon; ganzjährig. ❍❍

▮ **Sörényes udvarház,** Köris u. 2, 8426 Pénzesgyör, Tel. 060/410-894. Herrlich im Herzen des Bakony-Gebirges gelegenes Gestüt zwischen Zirc und Veszprém. Einfache gemütliche Appartements. Reitstunden auch für Behinderte. ❍❍

▮ **Artemis,** Tapolca-Diszel, Pf. 56, Tel. 087/412-657. Kleines Hotel-Restaurant in einem alten Anwesen in ruhiger Waldlage abseits des Ortes. Die 6 Zimmer sind einfach, aber modern und komfortabel eingerichtet. Sehr zu empfehlen ist das Restaurant, serviert wird im idyllischen Hof. Zum See sind es ca. 15 km. Reitmöglichkeit. Besonders für Familien mit Kindern ideal; ganzjährig. ❍

▮ **Batthyány Kastélypanzió,** Petőfi park 1, 9757 Meggyeskovácsi, Tel./Fax 095/492-164. Herrlich ruhig gelegenes Schlösschen aus dem Jahre 1684 mit 13 einfachen Zimmern, etwa 70 km nordwestlich des Balaton. In der Nähe Möglichkeit zum Reiten. Das angeschlossene Restaurant ist eines der besten im Balatongebiet; ganzjährig. ❍

Hotel Flamingo in Balatonfüred

Südufer und Hinterland

Club Aliga, Aligai út 1, 8171 Balatonvilágos, Tel. 088/380-211, Fax 480-013, http://clubaliga.miwo.hu. Direkt am Seeufer. In einer 52 ha großen Parkanlage sind großzügig etwa 290 Zimmer und Appartements auf drei Hotels und 22 Häuser und Villen verteilt. Hier machten einst die Parteibonzen Urlaub; ganzjährig. ❍❍

Dalma Panzió, Rákóczi út 33, 8171 Balatonvilágos, Tel. 088/480-883, Fax 446-015. Ehemaliges Erholungsheim einer Baufirma, herrlich gelegen in einem Wäldchen direkt am See; wurde 1995 zum Hotel umgebaut. Alle 29 Zimmer haben TV, Telefon und Minibar, 8 Zimmer auch einen großen Balkon zum See. Frühstücken kann man auf einer großen Terrasse, im Sommer führt ein 80 m langer Steg ins Wasser. Tretboote und Fahrräder werden vermietet; ganzjährig. ❍❍

Diana Hotel, Szt. László utca 41–43, 8600 Siófok, Tel. 084/315-297, Fax 315-298, www.hotels.hu/diana. Neues Hotel am Rand der Stadt mit 25 großen, hellen Zimmern mit TV und Telefon. Sehr modernes Haus mit gutem Service und empfehlenswertem Restaurant. Hotel ganzjährig, Restaurant nur vom 1. 5. bis 31. 10. geöffnet. ❍❍

Oázis Panzió, József Attila utca 5, 8656 Nagyberény, Tel. 084/382-510 Fax 382-747. Freundliche Pension in zwei neu erbauten Häusern auf einem Hügel, etwa 15 km südlich des Balaton mit angeschlossenem Thermalbad. 50 geräumige, helle Zimmer mit Balkon und schönem Blick. Mai bis Oktober. ❍❍

Kilató Panzió, Bartók Béla u. 48, 8640 Fonyód, Tel. 085/360-568, Fax 360-568. In den 30 gepflegten Zimmern sind Hunde erlaubt. Juni bis August. ❍❍

Campingplätze

Campingplätze gibt es in großer Zahl am Balaton, doch in Sachen Komfort und Hygiene ist noch vieles zu verbessern. Vor allem die sanitären Anlagen lassen zu wünschen übrig. Außerdem sind fast alle Plätze im Sommer laut, manche haben eine Open-Air-Diskothek aufgebaut.

Eine kleine Auswahl einigermaßen empfehlenswerter Plätze:

Riviéra Strand Camping, Alsőörs, Tel. 086/347-050. Schöne Lage direkt am Strand, ca. 40 000 m². 15. Mai bis 15. Sept.

Siotour-Aranypart Camping, Siófok, Szent László út 183, Tel. 084/352-804, Fax 310-152, e-mail: siotour@mail.datanet.hu. Gepflegte Anlage, diverse Sportmöglichkeiten; 1. Mai bis 27. Sept.

Piroska Naturista Kemping, Aligai u. 15, Balatonkarattya, Tel./Fax 088/481-084, ganzjährig geöffnet. 130 Plätze und 8 Hütten für Freunde der Freikörperkultur.

Reisewege und Verkehrsmittel

Anreise

Auto

Aus Süd- und Mitteldeutschland fährt man am besten über Wien und Győr an den See, aus dem südbayerischen Raum oder der Schweiz fahren Sie schneller über Graz, aus Norddeutschland und Berlin über Prag und Brünn. Urlauber mit einem Reiseziel im Westen des Sees benutzen den Grenzübergang Klingenbach/Sopron und von da die Straße Nr. 84 über Sárvár und Sümeg. Von Frankfurt am Main sind es etwa 1100 km zum Balaton.

Tipp Wegen der langen Wartezeiten im Sommer ist es ratsam, kleinere Übergänge zu benutzen oder gar den Umweg über das slowakische Bratislava zu machen.

Auf den Autobahnen ist eine Höchstgeschwindigkeit von 130 km/h erlaubt, auf Autostraßen 110 km/h, und auf untergeordneten Straßen gelten 90 km/h, in geschlossenen Ortschaften 50 km/h. Pkws mit Anhänger und Motorräder dürfen auf Autobahnen nur 80 km/h fahren, auf Landstraßen 70 km/h, in Städten 50 km/h. Für die Autobahnbenutzung werden unterschiedliche, teils recht üppige Mautgebühren erhoben. Außerhalb geschlossener Ortschaften ist stets, auch bei Tageslicht, das Abblendlicht einzuschalten!

Bei einem Unfall muss man immer die Polizei rufen. Die Notrufnummer ist 107. Ein deutschsprachiger Dienst steht unter Tel. 118-08 00 und 111-86 68 zur Verfügung. Für die Regulierung von Schäden ist die Hungária-Versicherung zuständig (Internationale-Direktion, 1113 Budapest, Galvani út 44, Tel 1/421-1421; Mo–Fr 8–20 Uhr). Zur Not kann man auch den ADAC/ÖAMTC in Budapest anrufen (Tel. 1/345-1717). Es ist zu empfehlen, sich mit dem ADAC in München in Verbindung zu setzen: Tel. 089/ 22 22 22.

Mit dem Zug nach Budapest

Bahn

Von Deutschland, Österreich und der Schweiz verkehren Züge nach Budapest. Von Frankfurt am Main dauert die Fahrt etwa 15 Stunden. Die Züge halten am Budapester Ostbahnhof (Keleti pályaudvar). Die Züge zum Plattensee besteigt man am Südbahnhof (Déli pályaudvar); sie verkehren häufig. Im Sommer fahren Autoreisezüge von Deutschland bis nach Siófok am Balaton.

Flugzeug

Wöchentlich Sonntags vom 28. 4. bis 27. 10. verkehren Direktflüge mit Augsburg Airways, ein Team der Lufthansa, von Berlin-Tempelhof (ab 2002 auch ab Dortmund), nach Balaton-Airport in Sarmellék, 14 km südwestlich von Keszthely. Flugzeit ca. 125 Minu-

Hafen mit Ausflugsschiffen in einer geschützten Bucht

ten, Hin- und Rückflug 229 Euro, Info: www.balatonairport.de; Buchung und Beratung bei mehreren deutschen und ungarischen Reiseveranstaltern.

Wer lieber zuerst die ungarische Hauptstadt besuchen möchte: Direktflüge nach Budapest gibt es von allen großen deutschen, österreichischen und schweizerischen Flughäfen. Der Budapester Flughafen Ferihegy liegt etwa 16 km südöstlich der Innenstadt.

Es empfiehlt sich die Benutzung des Airport Minibus zur Fahrt ins Zentrum. Kartenverkauf im Zollgebäude und in der Wartehalle (nahe der Gepäckausgabe). Telefonische Bestellung für die Fahrt zum Flughafen unter Tel. 1/296-8555. Citybusse fahren vom Déak tér (6–22 Uhr) und vom Erzsébet tér (5.30–21 Uhr) alle halbe Stunde (Fahrkartenverkauf im Bus).

Bus

Dreimal die Woche fährt die Deutsche Touring GmbH von verschiedenen deutschen Städten nach Budapest und zurück: **Deutsche Touring,** Arnulfstr. 3, 80335 München, Tel. 0 89/ 5 45 87 00.

Schiff

Eine sehr schöne Art, nach Budapest zu gelangen, ist die Fahrt auf der Donau mit dem Tragflügelboot. Von Wien aus verkehren sie von April bis Oktober zweimal täglich (Fahrtzeit ca. vier Stunden. Auskünfte erteilen die Tourinform-Reisebüros (s. S. 99).

Verkehrsmittel am Balaton

Die angenehmste Art, sich am Ufer des Balaton zu bewegen, ist eine Fahrt mit der Bahn. Fast jeder Ort am Süd- und Nordufer hat eine Haltestation, die Züge fahren in schneller Folge. Auf dem See selbst ist in den Sommermonaten eine Vielzahl von Fähren und Ausflugsschiffen unterwegs, mit denen man alle größeren Orte erreicht. Die kürzeste Strecke führt von der Halbinsel Tihany nach Szántódrév. Auf dieser Fähre kann man auch das Auto mitnehmen. Die Dörfer und Städte im Hinterland des Balaton erschließt ein dichtes Busnetz. So kommt man nach einer Wanderung auch vom kleinsten Weiler mit dem Bus wieder zurück zum See. Die Busse verkehren in dichter Folge.

Fahrräder werden im Sommer in allen größeren Orten vermietet. Es gibt noch keinen durchgehenden Radweg um den See (s. auch S. 32), doch verkehrsreiche Straßen müssen kaum

Tour 1

Das Nordufer

Balatonkenese → *Balatonfüred → **Halbinsel Tihany → **Keszthely → *Hévíz

Diese Spazierfahrt führt durch eine der landschaftlich schönsten Gegenden am Plattensee. Sie beginnt in Balatonkenese am östlichsten Zipfel des Sees, schlängelt sich am Ufer entlang und führt hinter Keszthely einige Kilometer ins westliche Hinterland zur Bäderstadt Hévíz mit ihrem großen Thermalsee. Auch entlang der Uferstrecke werden immer wieder kleine Abstecher ins Land gemacht, wenige Kilometer nur, auf denen sich aber die Landschaft und die Atmosphäre schlagartig ändern.

Man erlebt den Plattensee im Nordosten in seiner weniger vorteilhaften Seite, versehen mit sterilen Betonbauten und künstlichen Stränden. Doch je weiter man nach Westen fährt, desto ursprünglicher wird die Landschaft, schöner die Natur. Besonders die Abstecher ins Landesinnere sind reizvoll, sie führen durch sanfte Weinhänge, dichte Wälder und verschlafene Dörfer mit urigen Kneipen und kühlen Weinkellern. Ein Kontrastprogramm, typisch für die Wandlung des Sees vom Tummelplatz für Massenurlauber zum anspruchsvollen Urlaubsort für Naturliebhaber und verantwortungsbewusste Reisende. Die Tour ist in etwa vier bis sechs Stunden zu fahren, doch sollte man mit Einkehr- und Besichtigungspausen einen Tag veranschlagen. Auch könnte man z. B. nach Tihany noch einen Ausflug machen.

Balatonkenese ❶

Der 400-Seelen-Ort Balatonkenese am Ostufer des Balaton ist touristisch wenig erschlossen und vor allem ein Wohnort für besser gestellte Budapester. Seit Jahrzehnten schon stehen am Steilufer etliche herrliche Wochenendhäuser mit faszinierendem Blick auf den See. Viele waren einst in Staatsbesitz und von Parteigrößen bewohnt; in den letzten Jahren wurden sie von den neuen Eigentümern mit hohem Aufwand luxuriös renoviert.

In dem lehmigen Steilufer kann man noch heute kleine Höhlen entdecken, die so genannten »Tataren«- oder »Türkenlöcher«. Sie dienten einst als Schutz vor einfallenden Feinden, später als Wohnraum für arme Leute. Noch Ende des 19. Jhs. hausten Menschen darin. Sehenswert in Balatonkenese ist die Reformierte Kirche in der Táncsics Mihály utca, ein Barockbau aus dem Jahre 1660. Die Katholische Kirche in der gleichen Straße stammt von 1819.

Balatonfűzfő ❷

Der nächste Ort ist nach 8 km Balatonfűzfő, wo eine Papierfabrik und vor allem die chemische Fabrik Nitrokémia für dicke Luft sorgen. Die Chemiefabrik wurde 1921 erbaut und scheint seitdem nicht wesentlich modernisiert worden zu sein. Obwohl auch hier Arbeitsplätze wegrationalisiert wurden, beschäftigt das Unternehmen noch mehrere tausend Menschen aus einem weiten Einzugsgebiet – für Ungarn ein wichtiger Wirtschaftsfaktor, für den Tourismus jedoch ein Hemmschuh. »Fűzfő«, wie die Einheimischen sagen, hieß einst Máma und wurde später nach dem Fluss Fűz benannt, der hier in den Balaton mündet.

1
Seite 68

1

Seite 68

Eine der wenigen erhaltenen Schilfzonen des Balaton im Abendlicht

Für Industrie-Nostalgiker lohnt eine Fahrt entlang der alten Anlagen der Papierfabrik auf dem Sträßchen, das im Norden des Ortes von der Straße 72 nach Királyszentistván führt.

Die Straße geht weiter am Seeufer entlang. Sie ist meist stark befahren, bietet aber ständig einen eindrucksvollen Blick auf den See.

Balatonalmádi ❸

Richtig touristisch wird es nach 12 km in Balatonalmádi, dem mit 8600 Einwohnern drittgrößten Urlaubsort am Nordufer. Balatonalmádi ist von Sandsteinhügeln umgeben und besteht fast nur aus der breiten Straße und dem 7 km langen Badeufer.

In der Ortsmitte steht die sehenswerte braunweiße **Katholische Kirche St. Emmerich** (1930). Die Seitenkapelle wurde aus den Bestandteilen einer abgebrochenen Budaer Kapelle wieder errichtet, in der man die »Heilige Rechte« verwahrte. Auch die vergoldeten Email-Mosaikplättchen von Károly Lotz zieren wieder die Wand.

Das Badeleben von Almádi geht bis ins Jahr 1877 zurück, als man hier die Kneipp-Rikli-Kur praktizierte.

Das Stadtbild dominiert das **Hotel Aurora,** einst der Stolz des Nordufers. Vom Hotel führt eine Brücke hinüber zum Strand, für den man jahrelang mit großem Aufwand feinen Sand vom Südufer herbeikarrte. Der See nahm ihn jedoch immer wieder mit. Nun sonnt sich auf gepflegtem Rasen.

Glashotel, Balatonalmádi, Tel. 088/438-244, Fax: -438-643, www.balaton.hu/glashotel. Großer Strand direkt am See; Ausrüstung für vielerlei Sportarten. Restaurant mit Diätküche. ❍❍

In der Gegend um Balatonalmádi haben bereits die Römer eine Siedlung gebaut, wie Ausgrabungen beweisen. Erstmals erwähnt ist der Ort 1493, als der Verkauf eines Weinberges beurkundet wurde. Jahrhundertelang lebte man vom Weinbau, der verwitterte rote Sandsteinboden in dieser Gegend bot damals wie heute ausgezeichnete Voraussetzungen da-

1
Seite 68

für. Erst als in den Jahren 1885–1890 die meisten Weinstöcke durch Reblausbefall vernichtet wurden, setzte man auf den Fremdenverkehr. Auf die brachliegenden Weinberge baute man Ferienhäuschen und am Ufer kleine hölzerne Badehütten. Die erste Schiffslinie im Jahre 1889 und der Bau der Eisenbahn 1909 ließen Balatonalmádi schnell zu einem bedeutenden Urlaubsort werden.

Auch der benachbarte Ort **Vörösberény ❹** gehört heute zu Balatonalmádi. Sehenswert ist hier die Reformierte Kirche aus dem 13. Jh., eine der wenigen am Balaton noch erhaltenen Wehrkirchen, wie sie sonst eher in Siebenbürgen zu finden sind. Eingerichtet ist sie karg und spartanisch, typisch für die Gegend ist der Turm aus rotem Sandstein. Die barocke Katholische Kirche St. Ignatius in der gleichen Straße wurde 1773–1779 erbaut und ist berühmt für ihre herrlichen Fresken zum Leben des heiligen Ignatius von Loyola. Das daneben liegende Klostergebäude wurde in der gleichen Zeit von den Jesuiten errichtet.

Ebenfalls zu Balatonalmádi gehört der Ort **Szentkirályszabadja ❺** wenige Kilometer im Landesinneren. Selbst im Hochsommer hält sich hier der Touristentrubel in Grenzen. Sehenswert ist die Katholische Kirche aus dem Mittelalter, die im 18. Jh. im Stil des Barock und 1914 in neoromanischen Formen umgebaut wurde.

*Felsőörs ❻

Der nächste Ort im Landesinneren ist nach 4 km Felsőörs. Das hübsche Fleckchen mit 400 Einwohnern liegt am Hang des hier beginnenden Bakony-Gebirges im Balaton-Oberland. Es ist umrahmt von Weinbergen und bietet einen herrlichen Blick auf den

Die Probsteikirche der hl. Maria Magdalena in Felsőörs

See. In der Ortsmitte sind zwei Sehenswürdigkeiten zu bewundern: eine Kirche und eine Kneipe.

Die **Probsteikirche der heiligen Maria Magdalena** wurde Anfang des 13. Jhs. aus dem hier typischen roten Sandstein erbaut, im Jahr 1552 von den Türken niedergebrannt und fast 200 Jahre später wieder instand gesetzt. 1963–1968 bekam das romanische Kirchlein mit dem Haubendach wieder seine ursprüngliche Form.

Gegenüber der Kirche, in dem Haus aus dem Jahre 1748, wohnte einst der Propst, heute wird dort munter gezecht und gut gegessen. Das Gasthaus **Vén Oroszlán** (»Zum Alten Löwen«, Dózsa György tér 3, Tel. 087/477-037) ist eines der urwüchsigsten der Gegend und von Touristen wenig frequentiert. Die erste Rast könnte man hier einlegen. ❍

Im Gemeindegebiet erschloss man auch eine der ältesten Gruben, in der Menschen in prähistorischer Zeit (vor

1

Seite 68

Winzer am Nordufer des Balaton

35 000–40 000 Jahren) für kultische Zwecke den hier geförderten roten Lehm geknetet haben – im Dolomitschotter fand man ihre Knochenwerkzeuge. Von Felsőörs sind es 3 km nach **Lovas ❼** hinab, einem Dörfchen mit schönen alten Bauernhäusern.

Im Királykút-Tal

Vor der Pause empfiehlt sich ein Spaziergang durchs kühle Királykút-Tal (in der Rechtskurve am Ortsausgang nach links, der Wandermarkierung mit grünem Balken folgen, dann gelber Balken). Man gelangt zu einer alten Mühle und nach etwa 30 Minuten zur Király-kút-Quelle; sie erinnert an König Matthias, der hier einst gejagt und sein Pferd getränkt haben soll.

Alsóörs ❽ und Umgebung

Gleich daneben, direkt am Seeufer, liegt Alsóörs, ein touristischer Ort mit 1000 Einwohnern an der »Plattensee-Riviera«, wie man den Küstenstreifen von hier bis hinter Balatonfüred nennt. Bereits die Römer hatten an dieser Stelle eine Siedlung errichtet, die Wände einiger Weinkeller stammen noch aus dieser Zeit. Urkundlich erwähnt wurde Alsóörs erstmals im Jahre 1290. Am Seeufer spielt sich der übliche Sommertrubel ab, doch bereits einen Steinwurf weiter erheben sich noch im Ort die ersten Hänge mit Reben und Obstbäumen.

Ein schöner Aussichtspunkt ist der Hügel **Somlyó-hegy** mit der Reformierten Kirche aus dem 14. Jh., die Ende des 18. Jhs. im Stil des Barock umgebaut wurde. Hier steht auch das älteste Herrschaftshaus der Region, ein um 1600 erbautes spätgotisches Kleinadelshaus mit einem Tonnengewölbe im Keller. Wegen seines turbanförmigen Schornsteins heißt es noch heute das Türkenhaus. In diesem ist ein Heimatmuseum untergebracht und im schönen Park in Bahnhofsnähe erinnert ein Denkmal an den Beginn der Dampfschifffahrt auf dem Balaton im Jahr 1846.

Wirtschaftliche Bedeutung hat eine Fischzuchtanlage am See. Dort zieht man an langen Schnüren Zweige ins Wasser, in die die Fische ihre Eier ablegen. Dann werden die Zweige herausgezogen und zur Aufzucht der Brut in Bassins ausgesetzt.

Etwa 3 km westlich von Alsóörs liegt der Weinort **Paloznak ❾**, es folgt nach weiteren 1,5 km **Csopak ❿**, ein einst idyllisches Winzerdorf, wo man sich jahrhundertelang hingebungsvoll dem Weinbau widmete.

Neben dem Welschriesling *(olaszrizling)* baut man hier noch heute die Furmint-Rebe an, die vor allem in Tokaj kultiviert wird, weil sie den Grundwein für den *Tokaji aszú*, den berühmten natürlichen Dessertwein, abgibt. Im Mittelalter schrieb man

1
Seite 68

Weinanbau im alten Winzerdorf Csopak. Hier gedeiht auch der Welschriesling

dem Furmint-Wein gar eine aphrodisierende Wirkung zu.

Noch heute sind in Csopak viele schöne alte Kelterhäuschen zu sehen. Eine Heilwirkung soll auch das Wasser haben, das dem Brunnen am Strand entspringt; besonders bei Verdauungsstörungen soll es wahre Wunder bewirken.

Csopak Tourist, 8229 Csopak, Veszprémi út 33, Tel./Fax 087/455-025.

*Balatonfüred ⑪

Der Hauptort der »Balaton-Riviera« ist nach weiteren 2 km erreicht. Balatonfüred ist eine der traditionsreichsten Siedlungen des Plattensees und begründete einst den Ruf des Balaton als Erholungsort für Dichter, Denker und Lebemänner.

Geschichte

Bereits die Römer kannten die Heilwirkung des kohlensauren Wassers, das hier aus dem Boden sprudelt. Urkundlich erwähnt wurde Füred (heute Balatonfüred) erstmals im Jahre 1211. Damals schlossen sich hier sieben kleine Dörfer zu einer Gemeinde zusammen. Während der Türkenzeit wurde die Stadt völlig zerstört und entvölkert. Im Jahre 1743 schließlich kaufte das Kloster von Tihany das Quellgebiet, ließ die Quellen fassen und überdachen und baute die ersten Badehäuser am See. 1772 machte man die erste chemische Analyse und erklärte die Stadt zum Heilbad. Balatonfüred entwickelte sich zu einem mondänen Kurort.

In der ersten Hälfte des 19. Jhs. traf sich hier die kritische Intelligenz, Dichter, Künstler und Revolutionäre aus Budapest, hier wurden die Strategien der Märzrevolution von 1848 geplant. 1831 gründete sich in Balatonfüred aus Protest gegen die Habsburgerherrschaft und den rein deutschsprachigen Theaterbetrieb in Ungarn das erste ungarischsprachige Theater. Und ebenda legte 1846 das nach dem Dichter Sándor Kisfaludy benannte erste Schiff der Balaton-Dampfschifffahrtsgesellschaft ab – eine der vielen Initiativen des großen Reformers Graf Széchenyi. Er ließ auch die Gyógy tér-Nordseite so gestalten, wie man sie heute noch sehen kann, und machte sich verdient um die Entwicklung des

1

Seite 68

Villa im alten Dorf Füred am Fuß des 317 m hohen Tamás-hegy

Orts zum Zentrum für die Behandlung von Herzkrankheiten.

Nach der Niederschlagung der Revolution und des Unabhängigkeitskampfes (1849) gestalteten die Habsburger Herrscher die Kurstadt nach ihrem Geschmack. Hotels und Kuranlagen wurden errichtet, eine prächtige Pappelallee wurde am Ufer angelegt, und ein eindrucksvolles hölzernes Badehaus am See nahm Gestalt an. Füred machte sich einen Namen als Heilzentrum von Weltrang und behielt diesen Ruf bis nach dem Ersten Weltkrieg. Noch in den 1920-er Jahren kurten hier viele prominente Gäste aus aller Welt. Im Zweiten Weltkrieg wurde die Stadt zerstört und erlangte danach nie wieder den noblen Ruf der Vorkriegszeit.

Balatonfüred ist unterteilt in das alte Dorf Füred am Fuße des 317 m hohen **Tamás-hegy** und den bekannten Kurort am Balatonufer. Die Stadt hat 14 000 Einwohner, während der Hochsaison halten sich über 50 000 Menschen hier auf.

Am Gyógy tér

Die einst mondäne Stadtmitte bildet heute immer noch der von historischen Gebäuden umsäumte Gyógy tér (Heilsplatz) mit dem klassizistischen **Kurpavillon,** der im Jahre 1800 um die **Kossuth-Quelle** herum erbaut wurde. Sie ist benannt nach Lajos Kossuth, dem Nationalhelden des ungarischen Freiheitskampfes 1848–1849.

Das prächtigste Gebäude am Platz ist das leider ziemlich heruntergekommene **Horváth-Haus** an der Westseite. Erbaut wurde es 1798 von der Familie Horváth von Szentgyörgy im spätbarocken Zopfstil, der letzten Phase des Rokoko. Der Begriff stammt von der Form der damals üblichen Perücken. Als »zopfig« galt – ähnlich wie heute – alles Altbackene und Biedere. Im Jahre 1834 brannte das Haus ab und wurde zweistöckig im klassizistischen Stil wieder aufgebaut.

Das Horváth-Haus war jahrzehntelang ein Treffpunkt der damaligen Schickeria und »Intelligenzija«, gewichtige politische Disputierzirkel wurden hier abgehalten und wilde Feste gefeiert. Legendär war der »Annenball«, zu dem Zsigmond Horváth von Szentgyörgy erstmals am 26. Juli 1825 anlässlich des Namenstages seiner Tocher Anna in den benachbarten einstigen **Gasthof Horváth** lud. Er findet heute noch jährlich statt und ist ein bedeutendes Ereignis für die Balatoner und Budapester Gesellschaft. Zu sozialistischen Zeiten war im Horváth-Haus ein Erholungsheim für Bergarbeiter untergebracht, nun wartet das mondäne Bauwerk auf eine neue Zweckbestimmung.

Das Gebäude vom Anfang des 19. Jhs. an der Nordseite des Platzes beherbergt ein **Gewerkschafts-Sanatorium.** Im 18. Jh. standen hier ein Kaffeehaus und ein Veranstaltungssaal. Die Gedenktafeln in dem Arkadenrundgang (**Füreder Pantheon** genannt) erinnern an berühmte Persönlichkeiten, die sich um die Stadt verdient gemacht haben. Das **Staatliche Krankenhaus** an der Ostseite steht an der Stelle des einstigen Bade-

1

Seite 68

Das Jókai-Gedenkmuseum

hauses. Es begründete Balatonfüreds Ruf als »Mekka der Herzkranken«. Jährlich werden hier rund 10 000 Patienten behandelt.

In der Blaha Lujza utca

Vom Gyógy tér geht die Blaha Lujza utca ab, die fast ganz unter Denkmalschutz steht. Sie hieß früher Korzó, wurde dann nach der Sängerin Lujza Blaha benannt, die zu Anfang des 20. Jhs. rauschende Erfolge mit leichten Operettenliedern feierte. In der Blaha Lujza utca 4 besaß die Künstlerin eine große klassizistische **Villa,** die im Jahre 1867 erbaut worden war. Zu sozialistischen Zeiten diente das Gebäude als Erholungsheim, heute ist die Blaha-Villa ein zwar etwas morbides, aber charmantes Hotel (s. S. 34).

Sehr zu empfehlen ist das **Restaurant des Hotels.** Im stilechten Speisesaal sowie im Hof werden ungarische Spezialitäten serviert: bodenständig und in angenehmer Atmosphäre, die noch etwas von der Grandezza vergangener Tage erahnen lässt. ○○

Der Hafen von Balatonfüred

Die **Rundkirche** schräg gegenüber der Villa wurde 1841–1846 im klassizistischen Stil erbaut. Besonders schön ist die offene Vorhalle mit vier Säulen.

Jókai-Gedenkmuseum

An der Ecke Honvéd utca/Jókai utca steht die Sommervilla von Mór Jókai. Der bedeutende ungarische Romancier und Abgeordnete des Parlaments war ein glühender Fan des Balaton. Die Villa ließ er sich im Jahre 1870 im Stil der Neorenaissance erbauen und verbrachte dort bis zum Jahre 1899 jeden Sommer. Heute wird hier sein Schaffen gewürdigt. Zu sehen sind persönliche Gebrauchsgegenstände sowie viele Porträts und Manuskripte.

Am Seeufer

Geht man die Jókai utca hinunter in Richtung See, gelangt man zum **Hafen,** wo die Schiffe zu den größeren Orten am Balaton anlegen.

Hier beginnt auch die **Tagore-Promenade,** eine Platanenallee, benannt nach dem indischen Dichter Rabindranath Tagore, der im November 1926 im Herzsanatorium zur Kur weilte und zum Dank eine Linde pflanzte. Seither kurten hier u. a. auch Indira Gandhi, der Kosmonaut Alexej Archipowitsch Leonow sowie der italienische Dichter und Nobelpreisträger Salvatore Quasimodo.

1

Seite 68

Büste des indischen Dichters Rabindranath Tagore

Bis Mitte des 19. Jhs. stand das Gebiet der heutigen Allee noch unter Wasser. Erst 1865 begann man, die Promenade aufzuschütten und Pappeln zu pflanzen, 1972 nach einem Wirbelsturm dann Platanen. Zu sehen ist am Uferweg eine Anzahl von Skulpturen; eine zeigt auch István Széchenyi. Auf ihrem Sockel steht: »Neue Lebenslust spürt der arbeitsmüde Mensch in seinen Adern fließen, wenn er den silbernen Spiegel des Balaton erblickt.« Der **Kurpark** erstreckt sich hinter der Uferpromenade bis hinauf zum Gyógy tér.

Tipp Auf dem Weg in den alten, hügeligen Teil der Stadt sollte man eine Pause bei Kaffee und Kuchen in der **Konditorei Bergmann** (Petőfi Sándor u. 64, Tel. 087/341-087) einlegen. Der Besitzer ist ein begnadeter Zuckerbäcker aus Győr (Raab).

Im oberen Teil der Stadt

Sehenswert ist hier die **Reformierte Kirche** aus dem Jahr 1829 mit Zopfstil-Verzierungen an der Vorderseite. In diesen Gassen stehen viele alte Häuschen, die einen Eindruck von der Füreder Atmosphäre vor einigen hundert Jahren vermitteln. Die mit Schilf gedeckten Bauernhäuser stammen meist vom Anfang des 19. Jhs. Zentraler Raum war die kaminlose Rauchküche, die die einzige Heizquelle war. Sehr schön ist das **Zopfstil-Haus** der Familie Gombás mit dem benachbarten Kelterhaus in der Arácsi utca 94. Es galt Ende des 18. Jhs. als das schönste Haus von Füred.

Einen abschließenden Überblick über Bad Plattensee (Balatonfüred) sollte man sich vom Aussichtsturm des 317 m hohen **Tamás-hegy** gönnen. Besonders im Hochsommer lohnt sich auch ein Abstecher in die **Lóczy-Höhle** am Fuß des Berges (Öreghegyi út, Tel. 088/427-855; Mai–Sept. Di–So 10–17 Uhr). Sie ist 120 m lang und wurde erst 1894 entdeckt.

Im Norden von Balatonfüred, von der Straße 71 dem Hinweisschild **Koloska-Csarda** folgend, steht ein typisch ungarisches Gasthaus (Koloska Csarda, 8230 Balatonfüred, Koloska-völgy, Tel./Fax 087/481-833). Im Frühjahr sind im Bachtal seltene Pflanzen wie Küchenschelle, Orchideen und Frühlings-Adonisröschen zu sehen.

i **Tourinform,** Petőfi Sándor u. 8, Tel. 087/342-237, Fax 340-566, E-Mail: balatonfüred@tourinform.hu

**Tihany ⑫

Von Balatonfüred sind es nur 3 km zur Abzweigung auf die Halbinsel Tihany. Diese 12 km² große, etwa 5 km in den See ragende Landzunge schneidet den Balaton fast in zwei Teile. Von jedem Ort rund um den See kann man bei guter Sicht den markanten, 235 m hohen Geysirkegel von Tihany sehen. Tihany mit seinen 2000 Einwohnern ist einer der am meisten besuchten Orte am Balaton. An manchen Tagen tummeln sich über 30 000 Besucher

1

Seite 68

Das Wappen des Klosters von Tihany über dem Portal

Die barocke Abteikirche des Klosters

auf der kleinen Halbinsel. Trotz des Trubels hat das einst so romantische, fast mediterrane Inselgebilde mit seinen duftenden Lavendelfeldern und den schroffen Felsen auch heute noch etwas von seinem ursprünglichen Charme, besonders im Frühjahr und im Spätsommer.

Geschichte

Die Felsen entstanden vor über einer halben Million Jahren, als etwa 100 heiße Quellen hier aus der Erde sprudelten, den Basalttuff durchbrachen und die markanten Erhebungen formten. Gleichzeitig bildeten sich durch Erdabsenkungen zwei Mulden, eine ist heute der Innere See, ein Gewässer auf der Insel, 26 m höher liegend als der Wasserspiegel des Balaton.

Besiedelt war Tihany bereits in der späten Bronzezeit um 1000 v. Chr.; das beweisen Gebrauchsgegenstände, die hier bei Grabungen gefunden wurden, sowie eine mächtige Erdwallburg *(óvár)* im nördlichen Teil der Halbinsel. Seither war das inselartig abgeschlossene Gebiet als Wohnstätte sehr beliebt, weil es sich leicht verteidigen ließ. Später siedelten sich die Römer an, einige Villen stehen noch heute auf römischen Fundamenten. Im Jahre 1055 n. Chr., als König András I. die Halbinsel zur Grabstätte für alle ungarischen Könige erkor und hier eine Benediktinerabtei gründete, wird Tihany erstmals erwähnt.

Schon fünf Jahre zuvor hatten russische Basilianermönche Einsiedlerzellen im Basaltgestein nahe der Cyprian-Quelle angelegt. Den Türken gelang es nicht, Tihany einzunehmen; die königlichen Truppen hatten die Mönche ausgesiedelt und aus dem Kloster eine Festung gemacht. Viele Einwohner von Tihany stammen von den so genannten »Grenzburgsoldaten« ab, die einst die Festung und das Kloster verteidigten und sich nach der Rückkehr der Mönche als Fischer und Bauern rund um das Kloster niederließen.

Was die Türken nicht schafften, gelang dem Wiener Kriegsrat. Damit sie nicht in die Hände von ungarischen

1

Seite 68

Aufrührern fielen, ließ er die Befestigungen schleifen. Die heute noch existierende Anlage wurde in den Jahren 1740–1754 erbaut.

Die ersten Touristen kamen erst um 1920. Nachdem der letzte Habsburger Kaiser, Karl I., 1921 vergeblich versucht hatte, wenigstens in Ungarn wieder den Thron zu besteigen, wurde er im Kloster für einige Tage interniert, bevor man ihn in die Verbannung auf die Insel Madeira verbrachte. Ein letztes Mal dienten die alten Gemäuer von Dezember 1944 bis Ende März 1945 als Unterschlupf , als sich versprengte Einheiten der deutschen Wehrmacht vor den heranrückenden Sowjets verschanzten. Nach dem Zweiten Weltkrieg wurde das Kloster säkularisiert.

Seit 1954 steht ein Großteil der etrwa 12 km² großen Halbinsel unter Naturschutz, unter Denkmalschutz stehen alte Fischerhäuser und reetgedeckte Höfe aus Basalttuffstein.

Das ehemalige Kloster

An der höchsten Stelle der Insel thront weithin sichtbar die mächtige barocke **Abteikirche.** Reizvoll ist die Annäherung mit der Fähre (Anlegestelle bei Siófok). Errichtet wurde die Kirche 1740 bis 1754 von Abt Ágoston Lécs an der gleichen Stelle, an der zuvor die Mitte des 11. Jhs. erbaute romanische Klosterkapelle stand. Lécs ließ teilweise Steine der von den Habsburgern zerstörten Festung verwenden.

Mit ihren beiden Zwiebeltürmen wirkt die Kirche von außen eher karg und spartanisch, umso mehr ist der Besucher von der reichen Innenausstattung im Stil des Spätbarock überwältigt. Besonders eindrucksvoll sind die Holzschnitzarbeiten an Hauptaltar, Seitenaltären und in der Sakristei. Sie wurden ausgeführt von Sebastian Stuhlhoff, einem aus Österreich stammenden Laienbruder, der im Hauptberuf Kunstschreiner war. Die Deckenfresken wurden bei einer Renovierung der Kirche um 1895 geschaffen.

Einziges Relikt der ursprünglichen Kapelle ist die dreischiffige **Krypta** unter dem Chor, die mit ihren schweren steinernen Säulen einen frappierenden Kontrast zum sonstigen Interieur der Kirche bietet, das an das kommende Rokoko erinnert. Im mittleren Schiff der Krypta liegt unter einer Marmorplatte der 1061 verstorbene König András I. begraben. Seine Gebeine wurden erst in den 1950-er Jahren bei Bauarbeiten entdeckt. 1779 fand auch Schreinermeister Stuhlhoff in nachträglicher Anerkennung seiner Leistung hier die letzte Ruhestätte.

Das benachbarte barocke Ordenshaus des Klosters wurde zur gleichen Zeit gebaut wie die Kirche und beherbergt das **Tihany-Museum.** Im Obergeschoss und im Lapidarium des Gewölbekellers werden die Geologie und Geschichte von Tihany mit Schautafeln, Ausgrabungsstücken, Kunstgegenständen, Gemälden und anderen Exponaten veranschaulicht. Interessant ist die Kopie der Gründungsurkunde des Klosters, die König András I. anfertigen ließ (das Original befindet sich im Archiv der Erzabtei Pannonhalma). Sie ist das älteste erhaltene ungarische Sprachdenkmal; der lateinische Text enthält an die 70 ungarische Wörter oder Wortelemente, darunter die Ortsbezeichnungen *bolatin* (Balaton) und *tichon* (Tihany).

Tipp Einen herrlichen Blick über den See hat man vom ersten Stock des Museums und von der Terrasse des **Café Rege** im ehemaligen Wirtschaftstrakt des Klosters.

Reges Leben herrscht in der 1055 gegründeten Benediktinerabtei in Tihany

ALAT
1754

Seite 68

Entlang der Pisky-Promenade

Links vom Klostergebäude beginnt die Pisky-Promenade, ein Spazierweg etwa 80 m über dem Wasser, von dem man einen überwältigenden Blick auf den See hat. Den steilen Abhang zum See hinunter führten früher schmale Pfade, auf denen über die Jahrhunderte Frauen und Mädchen Trinkwasser heraufschleppten. Das Bohren eines Brunnens war auf dem Berg nicht möglich, und eine Wasserleitung wurde erst 1925 in Betrieb genommen. Unten sieht man den **Alten Hafen** liegen, an dem die Linienschiffe festmachen. Er wurde von 1909 bis 1911 erbaut. Die Autofähre, die Tihany mit dem gegenüberliegenden Szántod verbindet, legt in dem 1929 in Betrieb genommenen Fährhafen an der Südspitze der Insel an.

Geht man die Pisky-Promenade weiter, kommt man zum **Echo-Hügel** *(Visszhang-domb)*. In früheren Zeiten konnte man hier das Echo hören, das die Mauern der Kirche zurückwarfen. Man musste nur vom **Echostein** aus, einem neben der Serpentinenstraße stehenden Betonpfeiler, etwas rufen, und nach zwei Sekunden kam der Schall wieder und legte dabei eine Strecke von 700 m zurück. Das funktioniert heute nicht mehr so gut, wahrscheinlich wegen der in der Umgebung errichteten Gebäude, oder das Echo ist wegen des allgemeinen Lärms nicht mehr zu hören.

In den Anfängen des Fremdenverkehrs riefen Wächter gegen ein Trinkgeld durch einen Trichter den Satz: »Schön ist die Aussicht von Tihany, aber schwer ist der Weg hier herauf, wäre der Aufstieg bequemer, blieben die Gäste nicht aus.«

Ethnologisches Freilichtmuseum

Auch ein sehr interessantes ethnologisches Freilichtmuseum ist hier zu besuchen, das **Skanzen.** Auf dem Areal sind mehrere Häuser so wieder aufgebaut, wie sie sich vor einigen hundert Jahren präsentierten. Sie sind bis ins kleinste Detail eingerichtet, so dass man sich gut vorstellen kann, wie Bauern, Handwerker und Fischer in Tihany lebten. Im Haus der Fischer trafen sich die Mitglieder einer Fischerinnung, bevor sie auf den See fuhren. Man nannte sie die »Schweinigen«, weil sie im Nebenberuf eine Schweinezucht betrieben. Zu sehen sind auch ein Töpferhaus, ein Bauernhaus, Scheunen und Werkstätten mit alten Weinpressen, Pflügen und Ähnlichem.

Tipp Gleich um die Ecke ist in der Visszhang utca 4 das **Puppenmuseum** (Babamúzeum) zu besichtigen. 250 Puppen sind dort ausgestellt, die ältesten in der aus dem 19. Jh. stammenden typischen Tracht der Plattenseeregion. Geöffnet ist das Museum 1.4.–31.10., 10–18 Uhr.

Rundweg mit herrlicher Aussicht

Von hier kann man nun einen etwa 7 km langen Spaziergang machen. Vom Freilichtmuseum folgt man dem mit einem grünen Querbalken markierten Weg nach Norden und kommt über den Attila-Hügel zum Berg **Óvár,** einem etwa 700 m langen und 300 m breiten ovalen Hügel, der an drei Seiten von Erdwällen umgeben ist. Das ist die **Erdburg,** die die Tihany-Bewohner in der späten Bronzezeit um 1000 v. Chr. zu ihrer Verteidigung anlegten. Von hier aus ist auch der **Innere See** zu sehen. Geht man nun hinab, gelangt man zu mehreren **Hügelgräbern,** die in der gleichen Zeit wie die Wälle der Erdburg angelegt wurden. Der Weg macht eine Schleife und geht wieder Richtung Süden. Er führt eine Basalttuff-Felswand entlang mit den im 11. Jh. angelegten **Mönchszellen.**

1

Seite 68

Sie wurden von Einsiedlermönchen im Abstand von einigen hundert Metern als karges Domizil zur inneren Einkehr und Meditation in den Fels gehauen. Über drei Jahrhunderte lebten Mönche in diesen Kammern. Etwa 500 m nach der letzten Zellengruppe erreicht man auf einem schönen Waldweg die **Ciprián-Quelle.** Ihre Jugendstil-Einfassung wurde 1912 von Dezső Kaáli Nagy angefertigt. Am Alten Hafen kann man nun einkehren; wer will, verschafft sich im benachbarten Strandbad eine Abkühlung. Das restliche Stück des Weges ist recht anstrengend. Es ist zwar nur 400 m lang, doch dabei ist ein Höhenunterschied von 80 m zu bewältigen.

Vom Dorf Tihany zum Csúcs-hegy

Auch das eigentliche Dorf **Tihany** ist einen Besuch wert. Im Ortskern stehen fast alle Häuser unter Denkmalschutz. Die meisten sind in der für die Gegend typischen Art aus Basalttuff gebaut und mit Schilf gedeckt. Das Handwerk des Schilfdachdeckers ist in den letzten Jahren wieder belebt worden. Die neuen Bauvorschriften besagen, dass auch bei Neubauten im Dorf wieder die alten Bestimmungen zu gelten haben.

Tipp Vom Dorf Tihany aus lohnt ein kleiner Spaziergang hinunter zum **Inneren See** *(Belső-tó)*. Er steht unter Naturschutz, weil seine Schilfflächen vielen seltenen Wasservögeln Nistplätze bieten. Angeln ist jedoch erlaubt und hier auch sehr beliebt. Hinter dem Nordufer kann man am Fuße des 204 m hohen **Kis-erdő** einen klassizistischen Weinkeller mit Presshaus besichtigen, den die Benediktinermönche 1822 bauen ließen. Damals wurden hier vornehmlich Rotweine der Rebsorten Merlot und Cabernet angebaut.

Auf der Halbinsel Tihany

Club Tihany, Rév utca 3, Tel. 087/ 448-088, Fax: 448-083. www.clubtihany.hu. Großhotel mit eigenem Strand und Uferpark mit Bungalows, Pool, Schönheitsfarm. ❍❍❍

Hotel Press, 8237 Tihany, Fürdö telepi utca 2, Tel/Fax: 087/448-319, www.balaton.hu/hotelpress. Bequemes Hotel in ruhiger Lage mit Panoramablick über die Tihany-Bucht. ❍

Mit Aussicht auf den Inneren See kann man recht ordentlich in der Gaststätte **Halásztanya** speisen (Visszhang u. 11, Tel. 087/448-771; 1.4.–31.10. 11–24 Uhr, 1.11. bis 30.3. 11–22 Uhr).

Man kann zum Südufer des **Äußeren Sees** *(Külső-tó)* weitergehen und zur äußersten Westspitze der Insel wandern. Markiert ist dieser Weg mit einem roten Querbalken. Im Frühjahr und im Frühsommer ist diese Tour sehr schön. Im April blühen die Mandelbäume, im Juni die riesigen Lavendelfelder, die in den 1920-er Jahren mit Pflanzen aus Südfrankreich angelegt wurden. Steigt man auf den höchsten Berg der Insel, den 235 m hohen **Csúcs-hegy,** hat man einen herrlichen Blick. Unten liegt still der See, drüben ruht mächtig die Abteikirche – genau

1
Seite 68

Der denkmalgeschützte Herzenfriedhof in Balatonudvari

das ist sie, die Atmosphäre von Tihany, die man auch heute noch eindrucksvoll erleben kann.

Aszófő ⓭

Fährt man zurück auf das Festland, ist man nach 4 km in Aszófő. Die Menschen leben vom Weinbau und von den bis zu 8000 Feriengästen. Bis zum Einfall der Türken befand sich direkt am Ufer nahe dem heutigen Bahnhof das Dorf Kövesd, in dem Bedienstete des Klosters Tihany lebten. Es wurde zerstört; einziges Relikt sind die Überreste einer romanischen Kircheaus dem 13. Jh.

Nach nur 2 km ist man in **Örvényes,** einem weiteren Weinbauort. Die Wassermühle *(Vízimalom)* wurde Anfang des 19. Jhs. gebaut und war bis 1987 als letzte der einst sehr zahlreichen Mühlen am Balaton noch in Betrieb. Erst als der Müller gestorben war, wurde sie zu einem Museum umgewandelt. Zu sehen sind gesammelte Gerätschaften aus der Müllerei.

Etwa 80 m nördlich der Mühle steht auf einem Hügel die Ruine einer romanischen Kirche aus dem 13. Jh. Auch sie wurde in der Türkenzeit zerstört, und lediglich der Chor ist recht gut erhalten geblieben.

Die Dörfer sind kleiner, es ist weniger hektisch. Von nun an kann man beliebig immer wieder auf einem kleinen Sträßchen ins Landesinnere fahren und ist sofort in einer anderen Welt. Es geht durch Weinberge und kleine Wälder, durch Wiesen und verschlafene Dörfer, und man mag kaum glauben, dass nur wenige Kilometer südlich der Touristenmagnet Balaton liegt. Nur drucksvoll erleben kann.

Balatonudvari ⓮

In Balatonudvari sind herzförmige Grabsteine zu bewundern. Die eigenartige Form kam in Mode, als ein trauernder Steinmetz Ende des 18. Jhs. seiner im Balaton ertrunkenen Verlobten einen herzförmigen Stein meißelte. Fortan taten es ihm viele Romantiker nach (1 km nach Örvényes liegt der Friedhof an der Landstraße 71).

Balatonakali ⓯

Nächster Ort ist nach 6 km das für seinen Muskateller-Wein bekannte Balatonakali, das wenig von seiner ursprünglichen Gestalt bewahrt hat. Campingplätze und Schnellrestaurants beherrschen die Uferszene.

Tipp In den Weinbergen liegt ein **Weinkeller,** wo man den süßlichen Dessertwein kosten kann. Hier lohnt ein Abstecher mit dem Auto ins Landesinnere nach **Dörgicse** (s. S. 68).

Zánka ⓰ und Umgebung

Weitere 6 km sind es nach Zánka, das zu sozialistischen Zeiten berühmt-berüchtigt für seine riesigen Kindererholungslager war. Bis zu 3000 Sprösslin-

Seite 68

ge verbrachten hier in der »Pfadfinder-Stadt« ihre Ferien. Der ungarische Staat hat kein Geld mehr für solche Sozialleistungen. Kinderlager gehörten zu den Segnungen der früheren Zeit, die viele Ungarn jetzt vermissen.

Hinter Zánka beginnt im Landesinneren das Káli-Becken (*Káli-medence*, s. S. 71ff.), ein Naturschutzgebiet mit mediterranem Charakter. 4 km hinter Zánka kommt man nach **Balatonszepezd ⓱**, einen Ort, der sich um die Katholische Kirche aus dem 13. Jh. gebildet hat.

Révfülöp ⓲

3 km sind es bis Révfülöp. Hier badeten schon die alten Römer, wie die Ausgrabung einer Badeanstalt in der Nähe des heutigen Bahnhofs beweist. Bereits im Jahre 1211 baute man eine Fährstation und einige Jahre später ein Kirchlein aus rotem Sandstein. 1548 wurde der Fischerort von den Türken vollständig zerstört und entvölkert. Erst 1962 entdeckte man die Überreste der Dorfkirche in der Nähe des Hafens. 200 Jahre war die Gegend unbewohnt, erst im 18. Jh. ließen sich wieder Fischer und Weinbauern nieder. Révfülöp ist dank des Tourismus eine wohlhabende Gemeinde. Der Weinbau gewann in dieser Gegend in den letzten Jahren wieder an Bedeutung, die Voraussetzungen sind ideal für noble Rebsorten wie Grauburgunder oder Chardonnay. Einige ehrgeizige Winzer stellen Weine von erster Qualität her (s. Special S. 6/7, S. 29).

Ottó Panzió, Révfülöp, Kacsajtoso út 29, Tel. 087/464-207, www.eids/hu/hotelnet/Otto/
In schöner Hanglage 600 m vom See hat eine neue Pension (zehn Gästezimmer) eröffnet. ○○

Ein Abstecher lohnt ins Nachbardorf **Kővagóörs,** (s.S. 71) allein wegen des Restaurants Káli Vendéglő in der Ortsmitte (s. S. 31).

Balatonrendes ⓳ und Ábrahámhegy ⓴

Die nächsten Orte am Ufer sind 5 km hinter Révfülöp die ineinander übergehenden Dörfer Balatonrendes und Ábrahámhegy, zwei beschauliche, nicht besonders attraktive Ferienorte. Am Ufer von Balatonrendes sprudelt die Rákóczi-Quelle feinstes Quellwasser in den Balaton. Von Ábrahámhegy führt ein schöner Weg (Markierung roter Querbalken) zu den Klosterruinen von Salföld. Das Kloster wurde im 13. Jh. von Paulinern erbaut und während der Türkenkriege von den ungarischen Truppen als Festung genutzt. Seit Jahrzehnten wird es restauriert.

Salföld ㉑

Ins Dorf Salföld kann man von hier entweder zu Fuß gehen oder von Ábrahámhegy mit dem Auto fahren. Es ist eine hübsche kleine Ansiedlung am Hang, einst gegründet als Wohnort für die Bediensteten des Klosters und die leibeigenen Bauern. Klein und bescheiden sind denn auch die Häuser.

Tipp In der **Naturschutzmeierei** am Rand des Dorfes (s.S. 77) werden alte ungarische Tierrassen wie Zackelschaf, Graurind, Büffel und Komondor (großer weißer, zotteliger Hirtenhund), gehalten. Von hier aus sind die Sehenswürdigkeiten des Káli-Beckens hoch zu Ross oder mit dem Planwagen zu besichtigen. Balaton-Felvidéki, Nemzeti Park, Tel. 088/427-456.

1

Seite 68

Am 438 m hohen Berg Badacsony wird Wein angebaut

Der Balaton ist auch ein Paradies für viele Tierarten

1990 lebten hier noch 90 Menschen, die Häuser verfielen. Seither jedoch entwickelte sich das Dorf zur Künstlerkolonie, viele Maler, Grafiker und Literaten aus Budapest siedelten sich hier an, eröffneten Galerien und begannen Workshops und Lesungen zu veranstalten. Heute ist Salföld ein Kleinod.

Der *Badacsony ㉒

Die Orte hinter Ábrahámhegy tragen fast alle Namen, die mit »Badacsony ...« beginnen. Der Grund ist ein 65 Mio. Jahre alter Koloss mit 11 km Durchmesser, der sich mächtig in den See hineinzuschieben scheint.

Der Berg Badacsony ist 438 m hoch und der imposanteste Vertreter der vulkanischen Basaltberge im Tapolca-Becken. Die Dörfer rund um den Berg bilden zusammen die Gemeinde Badacsony mit etwa 18 000 Einwohnern. Man lebt vom Tourismus, hauptsächlich aber vom Weinbau.

Edle Tropfen

An den Hängen des erloschenen Vulkans bauten schon die Römer Wein an, der Boden und die sonnige Lage bieten dafür beste Voraussetzungen. Besonders gut an- und seit einigen Jahren auch ausgebaut werden hier der Graue Mönch (Grauburgunder, Pinot gris, ungarisch *szürkebarát*), dessen Rebe Mönche aus der Auvergne hierher brachten, und der Blaustengler *(kéknyelű)*, eine alte ungarische Rebsorte, die ihren Namen dem bläulichen Schimmer der Stengel verdankt. Dieser relativ kräftige Weißwein wird fast ausschließlich hier angebaut. Verkosten und kaufen kann man ihn in vielen Kelterhäusern rund um den Berg.

Kisfaludy-Haus

Am Hafen herrscht der übliche Touristentrubel, deshalb sollte man sich schnell auf den Weg nach oben machen. Bis zum Kisfaludy-Haus (Szegedy Róza u. 87, Tel. 087/431-016) auf halber Höhe am Hang steigt man auf dem mit gelben Querbalken markierten Weg hoch. Dieses 1790 erbaute spätbarocke, schilfgedeckte Winzerhaus gehörte seinerzeit dem Dichter Sándor Kisfaludy, der auch wehmütige Plattensee-Weisen zu Papier brachte. Im Haus ist eine Gaststätte, die für die

1
Seite 68

rasche Verköstigung von Touristen sorgt, doch auch einen phänomenalen Ausblick bietet.

Für Verliebte halten die Einheimischen folgenden Ratschlag bereit: Sie sollten sich mit dem Rücken zum See auf den **Rosenstein** beim Kisfaludy-Haus setzen und ein Glas Blaustengler trinken. Die Sage garantiere dann eine Hochzeit noch im selben Jahr.

Schon jetzt garantiert ist der Blick auf ein umwerfendes Panorama, wenn man auf dem nun mit gelbem Kreuz markierten Weg ganz hoch auf den Berg zu einem der drei Aussichtspunkte hinaufsteigt. Ein mühsames Unterfangen, doch es wird belohnt.

Tipp Neben dem Badacsony erhebt sich der **Berg Örsi,** dessen Arboretum (Badacsonyörs, Arborétum u. 5, Tel. 087/431-199) mit immergrünen Pflanzen aus aller Welt 1905 vom Arzt Dr. Gyula Folly aus Pécs gegründet wurde (Apr.–Nov.r 9–17 Uhr).

Szentgyörgy-hegy

Ein weiteres Naturwunder wartet etwa 4 km westlich von Káptalantóti: der kleine Bruder des Badacsony, der 415 m hohe Szentgyörgy-hegy, der Sankt-Georgs-Berg. Auch an seinen Hängen stehen unzählige Kelterhäuser mit Weinkellern. Die Hauptsehenswürdigkeit sind hier aber die Orgelpfeifen an der nordöstlichen Seite des Berges. Diese Basaltformationen sehen einer riesigen Kirchenorgel täuschend ähnlich. Man erblickt sie von der Straße, besser aber noch von dem mit einem gelben Balken markierten Weg, der in Kisapáti beginnt.

Um das riesige Touristenlokal am Südhang sollte man einen großen Bogen machen. Einen Besuch wert sind dagegen nahe dem Ort **Hegymagas**

Kelterhaus in Szentgyörgy-hegy

das weithin sichtbare spätbarocke und reich verzierte Kelterhaus der Familie Tóti-Lengyel sowie die von dieser Familie erbaute, mit Statuen geschmückte Lengyel-Kapelle daneben.

Etwa 5 km sind es nun zu den nächsten Sprösslingen der Vulkanfamilie, von denen einer sich »Rock der Königin« nennt.

Am Ortseingang verwöhnt das **Restaurant Iharos** (Iharos u. 4, Tel. 087/461-210) mit seiner urigen Atmosphäre und sehr guter Küche Seele und Magen. ❍❍

*Szigliget ㉓

gilt als eines der ruhigsten Dörfer am See und hat einen malerischen Ortskern mit bis zu 700 Jahre alten schilfgedeckten Häusern, die fast alle unter Denkmalschutz stehen. Prächtigstes Gebäude am Ort ist das einstige **Esterházy Palais** am Fő tér. Das klassizistische, von einem herrlichen, 15 ha großen Park umgebene Schloss wurde Anfang des 19. Jhs. gebaut. Es dient dem ungarischen Schriftstellerverband als Erholungsheim. Der achteckige Basaltturm ist das letzte Überbleibsel der Allerheiligenkirche aus

1

Seite 68

Kurios, aber wahr – das Afrika-Museum bei Balatongyörök

dem 13. Jh. Aus der gleichen Zeit stammen die Reste der **Burg Szigliget** auf dem Várhegy, die die Habsburger Anfang des 18. Jhs. sprengten.

Die nächsten 13 km auf der Straße 71 um die Bucht von Szigliget kann man zügig durchfahren. Eine Skurrilität überrascht in **Balatonederics.**

Tipp Der Weltenbummler Endre Nagy richtete ein **Afrika-Museum** ein (Kültelek 11, 15.3.–31.10.,10–17 Uhr). Auf einer Art Farm werden Wasserbüffel, Strauße und Kamele gehalten sowie einige ausgestopfte Tiere und Mitbringsel aus Afrika gezeigt.

**Keszthely ㉔

Nach 8 km erreicht man die mit 22 500 Einwohnern größte Stadt am Nordufer und den Balatonort mit viel südländischem Flair. Keszthely hat sich auch in der Zeit des Massentourismus eine gewisse Würde und Nonchalance bewahrt. Der aristokratische Einfluss der fortschrittlichen Adelsfamilie Festetics, die Stadtbild und Bewohner lange prägte, macht sich hier bemerkbar.

Geschichte

Seit der Steinzeit lebten an diesem westlichsten Zipfel des Plattensees Menschen. Bereits Kelten und später die Römer siedelten hier und machten

Südländisches Flair in Keszthely

die Stadt zu einem Verkehrsknotenpunkt. In den folgenden Jahrhunderten vermischten sich Langobarden, Germanen, Awaren und Slawen und begründeten die so genannte »Keszthely-Kultur«, eine frühe multikulturelle Gesellschaft. Im Mittelalter entwickelte sich Keszthely dank seiner verkehrsgünstigen Lage zu einem bedeutenden Marktort, besonders für den Handel mit Italien. Die im 14. Jh. gebaute gotische, später barockisierte Kirche hat man um 1540 samt dem Kloster zu einer Festung ausgebaut. So widerstand Keszthely mehrfacher türkischer Belagerung. Erst die Habsburger zerstörten im Jahr 1709 die Festung, um sie nicht den Truppen des verfeindeten Fürsten Ferenc Rákóczi in die Hände fallen zu lassen.

Die große Zeit der Stadt begann 1739, als das kroatische Adelsgeschlecht Festetics die Stadt samt dem Umland erwarb und sechs Jahre später das Schloss erbauen ließ. Besonders György Graf Festetics machte sich sehr um die Stadt verdient. Dieser kluge Geist von aufklärerischer Weltoffenheit gründete eine Schifffahrtsgesellschaft auf dem Balaton, machte das Schloss zum landesweit bekannten Treffpunkt für Intellektuelle und richtete eine kunstvoll ausgestattete Bibliothek mit vielen progressiven Werken ein. Sein Vater hatte bereits

1
Seite 68

Das im Barockstil errichtete Schloss Festetics mit Garten

1772 ein Gymnasium gegründet, György Festetics, ein berühmter Aufklärer, legte im Jahr 1797 den Grundstein für das »Georgikon«, Europas erste landwirtschaftliche Fachschule, die später zur Universität ausgebaut wurde. Im Jahre 1804 rief er die »Helikon-Festtage« ins Leben, bei denen sich Intellektuelle zum Disput trafen.

In der Stadt herrschte ein liberaler Geist, und es verwundert nicht, dass ihre Bürger fast geschlossen den Freiheitskampf 1848/49 unterstützten. Besonders die Studenten waren so aktiv an der Revolution beteiligt, dass die Universität über mehrere Jahre geschlossen blieb.

Das war auch mit ein Grund dafür, dass Keszthely beim Bau der Süd-Eisenbahn 1863 nur mit einem Nebengleis bedacht wurde. Die wieder erstarkten Habsburger wollten die mächtige Festetics-Dynastie und ihre Stadt nicht auch noch wirtschaftlich aufwerten. Man war dem ungarischen Kleinadel zwar wohl gesonnen, nur aufmüpfig durfte er nicht sein und vor allem den Bürgern nicht zu viele Privilegien einräumen.

Doch die Festetics' ließen sich nicht unterkriegen und überlebten auch die Habsburger-Dynastie. Einen Aufschwung erlebte die Stadt nach dem Ersten Weltkrieg. Der Tourismus florierte, Badehäuser und Hotels wurden gebaut, Beamte aus Budapest ver-

101 Zimmer mit Originalinventar sind zu besichtigen

brachten hier ihren Lebensabend. 1945 schließlich wurden die Festetics' enteignet, das Schloss nutzte die Rote Armee als Kaserne. Später brachte man Obdachlose in den Schlossräumen unter, dann eine Großwäscherei.

Schloss Festetics

Das einflügelige Schloss wurde 1745 im Barockstil errichtet, allerdings zunächst nur mit bescheidenen 34 Zimmern. Nach mehreren vorausgegangenen Umbauten und Erweiterungen ließ Taszilő Festetics das Anwesen durch den Wiener Architekten Rumpelmayer zum heutigen spätbarocken Prunkbau des umgestalten.

Das Schloss sollte seiner zukünftigen Frau, der englischen Adeligen Lady Douglas-Hamilton und ihren königlichen Gästen, eine angemesse Unterkunft sein. Es entstand ein riesiger U-förmiger Schlossbau mit 101 Zimmern, der drittgrößte Ungarns. Die einzelnen Gebäudeteile sind durch einen Turm verbunden. Auch den französischen Barockgarten ließ der kö-

1

Seite 68

nigliche Erzmundschenk und spätere Herzog Tasziló durch einen englischen Gartenarchitekten den Wünschen seiner Gattin entsprechend umgestalten.

Zugänglich ist das **Schlossmuseum** im Südflügel, in dem eine Kapelle sowie eine Reihe von Sälen und Gemächern zu besichtigen sind, die mit originalen Empire-Möbeln und sehr wertvollen Parkettfußböden ausgestattet sind. Im Großen Saal finden regelmäßig Konzerte statt.

Ein Teil der Schlossräume wird vom Restaurant **Fekete Macska** als Hotelunterkunft genutzt (Balatonkeresztúr, Ady Endre utca 26). ○○○

Besucht werden kann auch die berühmte, von György Graf Festetics begründete **Helikon-Bibliothek.** 52 000 teils sehr wertvolle Bände stehen hier in klassizistischen Schränken und Regalen, die der Schreiner Kerbl aus Keszthely um 1800 aus slowenischen Eichen anfertigte.

Vom Schloss zur Pfarrkirche

Sehr hübsch ist das **Hotel Amazon** nahe dem Schloss. Es wurde im Jahre 1780 im Zopfstil erbaut und war die nobelste Herberge in der Stadt und sehr beliebt bei Intellektuellen und Künstlern. Im **Georgikon** in der gleichnamigen Straße war ab 1808 die Landwirtschaftsschule untergebracht.

Die Fußgängerzone Kossuth Lajos utca führt an denkmalgeschützten Häusern vorbei zum *Fő tér,* dem Hauptplatz. Die **Pfarrkirche** spiegelt die wechselvolle Geschichte des Landes. Sie wurde 1386 von den Franziskanern errichtet und 1550 um ein Kloster erweitert. Beim Einfall der Türken wurde sie zur Festung umgebaut. Zudem legte man einen Kanal an, damit man mit dem Boot vom Plattensee zur Festung gelangen konnte.

1650 zerstörten die Türken das umliegende Dorf, konnten die gut befestigte Burg jedoch nicht einnehmen. 1774 barockisierte man die Kirche, 1878 entstand der neugotische Turm. Den ursprünglichen gotischen Stil des gesamten Bauwerks stellte man bei größeren Umgestaltungen 1896 wieder her. Dabei wurden die eindrucksvollen Renaissance-Fresken aus dem frühen 15. Jh. im Chor freigelegt.

Tipp Im **Babamúzeum** (Kossuth Lajos utca 11) ist auf drei Etagen die größte Puppensammlung Mitteleuropas untergebracht. Neben 450 einzigartigen, in Volkstrachten gekleideten Puppen mit Porzellan-Gesichtern sind auch maßstabsgetreu verkleinerte Häuser aus allen Regionen des ungarischen Königreichs zu sehen.

In der Kossuth Lajos utca 50 empfiehlt sich eine Einkehr im **Béke Étterem.** Hier gelang es, ein modernes Lokal im alten Gasthofstil zu errichten, die Gerichte sind traditionell, das Publikum ist neuzeitlich. Schön sitzt man auch draußen auf der Terrasse. ○○

Das Balaton-Museum

Die Sammlungen in dem 1927 gebauten neubarocken Gebäude bieten einen interessanten Exkurs zur Geschichte des Sees, zu Flora und Fauna, Fischfang und Ackerbau und auch zur sensiblen Ökologie des Gewässers. Die hier gezeigte Ausstellung »Der Balaton und der Mensch« wurde 1986 konzipiert und eröffnet und seither ständig aktualisiert. Die vielfältigen Exponate sind auch in deutscher Sprache erläutert.

Das hölzerne Badehaus aus dem Jahr 1795 in Hévíz

1

Seite 68

In elf Ausstellungsräumen wird die geologische Entstehung des Sees erläutert, der Besucher wird anhand von Schaubildern und Geräten in Fischfang und Ackerbau eingewiesen, sieht eine Vielzahl ausgestopfter Fische und Säugetiere, die im und am See leben. Die Ausstellung vermittelt ein umfassendes Bild, wie die Menschen am See im Laufe der Jahrhunderte lebten, wovon sie sich ernährten, wie sie sich kleideten, wie sie feierten. Eigene Abteilungen sind Volkskunst, Trachten, Keramik sowie der Geschichte der Schifffahrt auf dem See gewidmet.

Beim Thema Naturschutz am Plattensee sind neuere Erkenntnisse der Gewässerökologie noch nicht berücksiochtigt (Mai–Oktober Di–So 10–18 Uhr, November– April Di–Sa 9-17 Uhr).

Tipp Gelegenheit zum Ausruhen bietet der 9 ha große **Helikon-Park** in der Nähe des Museums. Er reicht bis zur Uferpromenade und ist auch vom Strandbad nicht weit entfernt.

Tipp Fahren Sie mit dem Nostalgiezug mit Dampflok von Keszthely nach Badacsonytomaj (die Bahn verkehrt nur in der Hauptsaison). Information: **MAV Nosztalgia Kft.**, Vasútallomás (Bahnhof), Tel. 02 09/293-460. www.miwo.hu/partner/old_trains/eutak.htm.

i **Tourinform,** Kossuth Lajos utca 28, Tel./Fax 083/314-144.

Das **Restaurant Bacchus** (im Hotel mit Weinmuseum), Erzsébet Királyné u. 18, Tel. 083/314-097, www.bacchushotel.hu, pflegt die solide ungarische Küche; manchmal Zigeunermusik. ❍❍

- **Pannonia Borház,** Bercsényi utca 64-65, (April bis Okt.); traditionelle Küche und guter Weinkeller. ❍❍

*Hévíz ㉕

Den Abschluss dieser ausgedehnten Nordufer-Tour bildet die Fahrt ins 6 km entfernte Heilbad Hévíz mit dem größten **Thermalsee** Europas. Er ist 47 500 m² groß, im Winter rund 24 °C, im Sommer bis zu 34 °C warm. Das Wasser in dem 37 m tiefen See kommt aus großer Tiefe, tritt etwa 25 m unter der Wasseroberfläche aus und hat eine Temperatur von bis zu 40 °C. Täglich fließen etwa 80 Mio. Liter in den See, so dass sich die gesamte Wassermenge alle 28 Stunden total erneuert.

Der See wird von Rheumakranken und Menschen mit Gelenkproblemen geschätzt. Die meterdicke Schlammschicht am Ufer des Sees wird zu Fangopackungen benutzt. Anwendungen werden geboten im Staatlichen Krankenhaus, im Winterbad, im Sanatorium sowie im Thermal-Hotel.

Die rot blühende ägyptische Lotusblume macht ein Bad im 36 m tiefen und 4,7 ha großen, natürlichen Thermalsee zu einem unvergesslichen Balaton-Erlebnis.

Besonderen Reiz hat der See auch im Winter, wenn man durch weiße Dampfschwaden auf der Wasseroberfläche zu schweben scheint. Über neue Wellness-Angebote in Hévíz informiert das Special S. 6/7.

Im **Restaurant St. Hubertus** (auch Pensionsbetrieb, Tel. 083/340-502), Moricz Zsigmond u. 8, werden vorzügliche Wildgerichte in freundlicher Umgebung serviert. ❍❍

Tipp Das **Sportzentrum** des Hotels Carbona steht auch Nichthotelgästen zur Verfügung (u.a. Tennis, 25 m-Pool). Nach dem Sport: Das **Attila Restaurant** des Hotels bietet vielfältige internationale Küche; Tel. 083/342-930, www.carbona.hu.

Tour 2

Das Südufer

****Kis-Balaton → Balatonlelle → Balatonföldvár → Siófok**

Das Südufer des Balaton ist touristisch weniger interessant als das Nordufer – es sei denn, man versteht unter Urlaub nichts weiter als Sonnenbaden, Wassertreten im seichten Plattensee, Fast Food und dazu laute Diskomusik. Fast das gesamte Südufer ist mit Hotels, Diskotheken, Schnellrestaurants und Campingplätzen verbaut. Hier findet sich kaum etwas von der Idylle des Nordens mit seinen Buchten und Burgen. Hier wurden früher die meisten Erholungsheime für Werktätige gebaut, kantige Betonhotels und gesichtslose Lokale. Doch auch am Südufer achtet man jetzt auf bessere Qualität, gilt es Ecken zu entdecken, die eine Spazierfahrt lohnend machen, z. B. das Naturschutzgebiet »Kleiner Balaton« (Kis-Balaton), ein bedeutendes Vogelschutzreservat. Auch haben manche Orte reizvolle Sehenswürdigkeiten, locken im Hinterland verschwiegene Dörfchen, und die Gastronomie ist im Begriff, sich auf die Besonderheiten der Regionalküche zu besinnen.

Diese Tour führt über etwa 95 km in West-Ost-Richtung am Ufer entlang, mehr als einen guten halben Tag sollte man dafür nicht einplanen. Tipps für kleine Abstecher ins Hinterland werden gegeben. Folgt man ihnen, sollte man ein paar Stunden mehr veranschlagen. Empfohlen werden auch einige Restaurants, die am Weg liegen.

**Kis-Balaton ㉖

Von Keszthely (s. S. 56) führt die Tour nach 21 km ins Hinterland des Balaton-Westzipfels zum **Kis-Balaton,** dem »Kleinen Balaton«, der neben dem Káli-Becken im Norden für das ökologische Gleichgewicht des Balaton unverzichtbar ist. Dieser sensible Naturraum steht seit 1951 unter strengem Schutz und darf teilweise nur mit Genehmigung betreten werden. Von den Beobachtungstürmen auf der Insel Kányavár nördlich von Balatonmagyaród hat man einen schönen Blick auf die Sumpflandschaft.

i **Infozentrum,** (zw. Balatonszentgyörgy und Sármellék; Führungen nach Anm. Tel. 083/31 53 41.

Tipp Das Reservat in **Kápolnapuszta** spielt eine wichtige Rolle für die Erhaltung der letzten Bestände des ungarischen Wasserbüffels und der Bewahrung seines Genbestandes. Die zahmen Tiere sieht man tagsüber auf der Weide und nachmittags im Stall (Auskunft erteilt Akos Fekete, Tel. 060/469-017).

Balatonszentgyörgy ㉗

Von Balatonmagyaród am Kis-Balaton sind es etwa 25 km zurück an den See bis nach Balatonszentgyörgy, einem Dorf mit 1700 Einwohnern. Es wurde im Jahre 1566 von den Türken zerstört; noch 100 Jahre nach der Katastrophe lebten hier nur acht Familien. Das hat sich geändert, in der Hochsaison ist der Ort überlaufen. Attraktion des Dorfes ist die **Sternburg** Csilagvár, ein sternförmiges Jagdhaus 2 km südlich des Ortes, das László Graf Festetics aus Keszthely erbauen ließ (Múzeum Csillagvár, Apr.–Okt. Di–So 9–18 Uhr).

2
Seite 68

2

Seite 68

Reitergruppe am Südufer mit Blick über den Plattensee

Tipp Vom Flughafen in **Balatonkeresztúr** ㉘ starten täglich von Mai bis Oktober Rundflüge mit dem Flugzeug, Hubschrauber, Motor-Drachen oder einem Heißluftballon.

Balatonfenyves ㉙

Balatonfenyves entstand 1893, als die Gemeine Reblaus alle Weinstöcke im Gebiet um Zala zerstört hatte. Man legte auf Initiative von Graf Széchenyi am Südufer neue Weingärten an und errichtete Häuser für die Winzer.

Fonyód ㉚

Der nächste größere Ort ist Fonyód (7500 Einwohner), bekannt durch seinen ausgedehnten Strand. Fonyód hat nach Siófok den zweitgrößten Yacht- und Fährhafen am Balaton.

Die über 200 m hohen Berge, der **Sipos-hegy** und der **Vár-hegy,** sind Wahrzeichen der Stadt und die höchsten Erhebungen am Südufer. Sie entstanden wie die Vulkanberge auf der gegenüberliegenden Uferseite und waren mit einer dünnen Basaltschicht bedeckt, die im 11. Jh. abgetragen und zum Bau von Straßen und Häusern verwendet wurde. Die Säulen der Basilika im 21 km südlich gelegenen Somogyvár bestehen aus dem Gestein der beiden Fonyóder Hügel. Es wurde mühsam gebrochen und mit Flößen und flachen Booten auf dem Fluss Pogányvölgyi-viz nach Somogyvár verbracht. Der Sipo-hegy und der Vár-hegy sind von Wald bedeckt und stehen seit 1958 unter Naturschutz.

Tipp Im **Fácános,** dem Fasanenwald außerhalb von Fonyód, stehen Überreste einer Pfahlburg. Das **Weinkeller-Restaurant** oberhalb entschädigt als gut erhaltene Kostbarkeit der volkstümlichen Baukunst.

Hotel West Place, Apartments, bei Seglern sehr beliebt, Pool, 8542 Fonyód, Vitorlás utca 24, Tel. 85 36 31 02, Fax 85 36 01 07. ❍❍

In einer Villa aus der Zeit um 1900 mit Terrasse operiert stilvoll ein **Italienisches Restaurant,** 8542 Fonyód, Fürdő utca. ❍❍

Balatonboglár ㉛

8 km sind es nun bis Balatonboglár. In der Gründungsurkunde des Klosters Tihany im Jahre 1055 findet sich ein Hinweis auf eine Sankt-Clemens-Basilika, die an der Stelle Balatonboglárs stand. Auch dieser Ort wurde von den Türken zerstört. Balatonboglár wuchs mit dem Bau der Südeisenbahn im Jahre 1861 schnell zu einem beliebten Badeort. Um 1890 parzellierte man das Seeufer und ermutigte begüterte Budapester, dort Villen zu bauen. 1979 wurde der Ort mit der Nachbarstadt **Balatonlelle** ㉜ zu der Gemeinde Boglárlelle vereinigt. 1991 entschieden die Bürger, die Städte wieder zu trennen.

Tipp 1996 übernahm die Henkell & Söhnlein-Gruppe die Sektkellerei **BB (Balaton Boglar).** Zu ihren Sorten zählt der beliebte BB Spumante. In Radpuszta ist die Geburtsstätte des Balatonweins, ein 140 Jahre alter Keller; im August findet der Winzerumzug statt (Tel. 085/500-400).

2

Seite 68

Kis-Balaton, die Lunge des Plattensees

Noch im 18. Jh. war der Kis-Balaton ein Teil des Plattensees, eine offene, fast 6000 ha große Wasserfläche mit riesigen Sumpf- und Schilfgebieten an den Rändern. Im Jahre 1863 jedoch wurde die Schleuse von Siófok gebaut, und man senkte den Wasserspiegel des Balaton um etwa 4 m, um die Südeisenbahnlinie zu bauen und die Ufer touristisch besser nutzen zu können. Der durch den Kis-Balaton führende Fluss Zala wurde kanalisiert und ergoss sich direkt in den Plattensee. Der Kleine Balaton verkam zu einem größeren, sumpfigen Tümpel. Durch das niedrige Wasser im Balaton und den zunehmenden Tourismus kam es jedoch im Laufe der Jahrzehnte zu einer ökologisch bedenklichen Nährstoffanreicherung im Balaton, mit der der See nicht mehr fertig werden konnte. Es fehlte ein Filter, den jahrtausendelang das Schilf- und Moorgebiet Kis-Balaton gebildet hatte, wo die Nährstoffe auf natürlichem Weg abgebaut worden waren. Die Wasserqualität verschlechterte sich rapide ab 1970, das Algenwachstum war nicht mehr aufzuhalten, immer wieder kam es zu Sauerstoffmangel im See. Am bedrohlichsten war die Situation in der Bucht von Keszthely, wo die Zala ein Drittel aller Schadstoffe in den See spülte.

1981 schließlich wurde das »Wasserschutzsystem Kis-Balaton« verwirklicht, man baute am Zala-Zufluss eine weitere Schleuse und staute den Kleinen Plattensee auf eine Größe von fast 70 km². Sein Wasserspiegel liegt nun 2 m höher als der des Balaton, und die Qualität des Balaton-Wassers hat sich seither etwas verbessert.

Gesichert ist aber der Lebensraum am Kis-Balaton für viele geschützte, vom Aussterben bedrohte Vögel wie Silberreiher, Edelreiher, Kormoran, Nachtreiher, Grauer Fischreiher, Löffler und viele Arten von Singvögeln. Auch Störche nisten wieder vermehrt in der Gegend, da ihnen der Kis-Balaton genügend Frösche als Futter bietet.

Abstecher nach Buzsák 33

Das 17 km vom See entfernte Buzsák ist ein Zentrum der südungarischen Somogyer Volkskunst.

Die bunten **Auflege-Stickereien,** aber auch **Schnitzkunst** werden überall im Ort angeboten.

Von Balatonszemes 34 nach Balatonszárszó 35

Ab Balatonlelle ist das Seeufer voll erschlossen. Kaum 6 km weiter folgt mit **Balatonszemes** der nächste Badeort. Das alte Villenviertel wurde zum Schutz vor den Wellen oberhalb des Bahndamms gebaut. Der Badestrand und der Hafen liegen unterhalb der Bahnlinie. Szemes war eine Poststation an der Strecke zwischen Székesfehérvár und Nagykanizsa; der mit schönen Säulen versehene spätbarocke Stall mit einem interessanten Postmuseum erinnert an diese Zeit.

Nach 6 km folgt **Balatonszárszó** mit einem schönen Sandstrand. Die einzige Sehenswürdigkeit ist das Attila-József-Gedenkhaus in Szárszó, wo sich der bedeutende ungarische Lyriker 1937 das Leben nahm.

Balatonföldvár 36

In Balatonföldvár gründete 1887 die Adelsfamilie Széchenyi einen Badeort, sieben Jahre später eine Bade-Aktiengesellschaft, die die 1200 m lange, von Platanen gesäumte Uferpromenade anlegte. Balatonföldvár war eine mondäne Kurstadt mit prächtigen Villen und prominentem Publikum. Von alter Grandezza blieb nicht viel übrig.

Stürmischer Seegang am Südufer des ungarischen Meers

Flekken Csárda, Balatonföldvár, Dózsa György út 3, Tel. 084/340-048. Gut ungarisch isst man hier, begleitet von erstklassigen Weinen der Region. ○○

Balatonföldvár geht über in den Ort **Szántód** 37. Hier ist der Anlegeplatz *(Szántodi rév)* der Fähre nach Tihany. Sie bewältigt die Passage an dieser Engstelle des Sees in sieben Minuten. Die 10 km lange Ortschaft Zamárdi schließt sich an.

Abstecher ins Landesinnere

Ein schöner Umweg durch das Hinterland führt über sanfte Hügel und durch Dörfchen, die vom Tourismus unberührt geblieben sind. Von Balatonföldvár geht es nach Süden und nach 18 km bei Kapolypuszta links ab. In **Zala** 38 kann man das Schlösschen besichtigen, in dem 1827 der Maler Mihály Zichy geboren wurde. Es ist umgeben von einem großen Park. Man fährt dann durch Tab und an der Straße Nr. 65 nach links.

In **Nagyberény** 39, einem idyllischen Dörfchen, kann man in der auf einem Hügel gelegenen Oázis Panzió einkehren (s. S. 30). Zurück zum See geht es über **Ságvar** 40. Auf dem Likas-Hügel sind Reste einer jungsteinzeitlichen Jägersiedlung zu sehen.

Siófok 41

Am Ufer kommt man schließlich in die mit 23 000 Einwohnern größte Stadt am Balaton, nach Siófok, das man schon von weitem an dem hohen Wasserturm von 1912 erkennt.

2
Seite 68

2
Seite 68

Tipp Wer kennt nicht die Operette »Csárdasfürstin«! Ihr Komponist **Emmerich Kálmán** (1882–1953) wurde in Siófok geboren, das Haus am Kálmán Imre setány 5 ist zu besichtigen. Im Juli findet in Siófok ein internationales **Folklorefestival** statt.

Schon die Römer begannen mit dem Kanalisieren der Sió. 1055 wurde die Stadt unter dem Namen Fok in der Gründungsurkunde des Klosters Tihany erwähnt. Die Türken nahmen sie 1552 ein, errichteten eine Wasserburg und einen Kriegshafen. 1861 erreichte die Südeisenbahn die Stadt, 1863 wurde der Sió-Kanal gebaut und damit eine Schiffsverbindung zur Donau hergestellt. Die Stadt war Umsteigestation für Sommerfrischler, die mit der Fähre nach Balatonfüred übersetzten. Nach dem Zweiten Weltkrieg wurden am Ufer viele staatliche Erholungsheime und Hotels gebaut. zu sehen, wenn man statt auf der parallel verlaufenden Autobahn direkt am Seeufer entlang nach Osten fährt.

Tourinform, Fö tér 41, Siófok, Tel./Fax 084/310-117.

Hotel Azúr, 8600 Siófok, Vitórlas utca 11, Tel. 84 31 24 19, Fax 84 31 26 52. www.azurhotel.com. Familienfreundlich, große Parkanlage, eigener Sandstrand, Fitnessraum. ❍❍

Im 1999 stilvoll restaurierten **Forsthaus** in Tengöd werden im Weinkeller stimmungsvolle Weinproben abgehalten. Diana Vadászház, 8668 Tengöd, Külterület 4, Tel. 084/315-296, Fax 315-298. ❍❍

Moderne Ferienanlage

Nach etwa 10 km nimmt die neue Bebauung ab, kleinere Villen sind zu sehen. Einige wurden in den letzten Jahren zu Pensionen umgestaltet. Hier ist der Zugang zum See nicht möglich.

Den Abschluss der Südufer-Tour bildet der Besuch im **Club Aliga** in Balatonvilágos, einer Ferienanlage mit großem Strand. Neben vier Restaurants, Café-Bar und Weinkeller können Tagesbesucher die Sportanlagen und Freizeitprogramme nutzen, u.a. Segeln, Surfen, Tennis. Tel. 088/380-173, www.clubaliga.miwo.hu.

Tour 3

Zu Fuß über Stock und Stein

Balatonakali → Dörgicse → Vászoly → Balatonudvari → Balatonakali

Diese Wanderung führt durch eine für das Nordufer des Balaton typische Landschaft. Die Tour ist knapp 19 km lang, die letzten fünf am Ufer entlang von Balatonudvari nach Balatonakali können auch mit der Bahn zurückgelegt werden.

Selbst auf dieser kurzen Strecke mit einer reinen Gehzeit von etwa fünf Stunden erlebt man eine erstaunliche landschaftliche und atmosphärische Vielfalt. Touristentrubel beim Start, nur wenige Minuten später sanfte Rebenhänge, dann schöne Wiesen, dichte Wälder und einsame, verschlafene Dörfer mit uralten Weinkellern und verfallenen Kirchen. Krönung und Belohnung für einen vielleicht etwas mühsamen (aber nie sehr steilen) Aufstieg in eine Höhe von etwa 300 m über dem Wasserspiegel ist die herrliche Aussicht über den See. Wie es sich für eine zünftige Wanderung gehört, werden gute Tipps zur Einkehr gegeben.

Besonders schön ist es, diese Tour am frühen Morgen zu beginnen, vielleicht sogar schon bei Sonnenaufgang. Mit mehrmaliger Einkehr sollte man bei gemütlichem Spaziertempo etwa acht bis zehn Stunden für die gesamte Strecke einplanen.

Die folgenden Wegbeschreibungen mögen etwas penibel erscheinen, aber sie werden hilfreich sein. Zwar hat man sich auch am Plattensee die Mühe gemacht, dann und wann eine Wegmarkierung zu setzen, doch oft sind die Zeichen schon verwittert.

Tipp **Touristenkarten** im Maßstab 1:40 000, die auch im deutschen Buchhandel erhältlich sind, gibt der Kartographia Verlag in Budapest zu verschiedenen Tourismus- und Naturregionen heraus.

3

Seite 68

Von Balatonakali in die Weinberge

Der Start erfolgt in **Balatonakali,** einem typischen Ferienort am See (s.S. 52). Etwa in der Ortsmitte geht von der Hauptstraße die Dörgicsei út ab, die Straße nach Dörgicse. Vorbei an alten Bauernhäusern erreicht man den Ortsausgang. Parallel zur Straße verläuft auch ein mit einem roten Balken gekennzeichneter Wanderweg.

Hinter einer Bushaltestelle und einer kleinen Müllkippe zur Linken verläuft die leicht ansteigende Straße über eine Hügelkuppe. Zuerst kommt links ein Weinberg, anschließend ein Stück Nadelwald. Dahinter muss man aufpassen, hier ist keine Markierung, denn nun, exakt 1,3 km nach dem Ortsausgang, kreuzt ein sandiger Weg die Straße, auf dem es nach links weitergeht.

Man muss jetzt etwas improvisieren und sich in etwa parallel zur Straße halten. Hier führen einige Wege in die gleiche Richtung, alle durch buschiges Wiesengelände. Oben erkennt man schon die beiden Kirchtürme von Dörgicse, rechts daneben den 292 m hohen Öcs-hegy, weiter unten den Imre-tető (302 m) und darunter den Fenyves-hegy (301 m). Die Hänge aller drei Hügel sind seit Jahrhunderten mit Muskatellerreben bewachsen.

Dörgicse 42

Nach 2 km erreicht man die ersten Häuser von Dörgicse, einem verblüffenden kleinen Dörfchen mit 300 Einwohnern. Hier stehen nämlich drei Kirchen und drei Kirchenruinen aus dem 12. und 13. Jh., die gebaut wurden, bevor die Gemeinde aus drei unabhängigen Dörfern gebildet wurde.

Das untere Dorf heißt **Alsódörgicse** (Unter-Dörgicse) mit dem alten Brunnen in der Ortsmitte. Daneben lädt der Gasthof zu einer ersten Rast ein, man kann aber auch zu einer kleinen Weinprobe bei einem der vielen Hobby- und Profiwinzer einkehren. Wenige Schritte weiter oben steht die obere Kirche. Immer wieder eröffnen sich schöne Ausblicke auf den See.

In der Nachbarschaft der Kirche bietet das **Wirtshaus Dörgicse Vendéglő** (Fö u. 121, Tel. 087/444-022) mit seiner kleinen Terrasse einfache, doch schmackhaft zubereitete ungarische Spezialitäten. ❍

Seite 68

Der Weg führt aber weiter (von oben kommend) hinter der unteren Kirche links an der Telefonzelle vorbei, immer dem roten Querbalken folgend. Er schlängelt sich in den Wald, vorbei am schön gelegenen Friedhof der Gemeinde. Oben rechts sieht man nun bald die erste Kirchenruine stehen. Diese Kirche wurde im 13. Jh. erbaut und wie alle Gotteshäuser im Dorf bei den Türkenangriffen zerstört. Der Weg führt nun 1,5 km in nordöstlicher Richtung bis **Felsődörgicse,** nach Ober-Dörgicse. In diesem kleinen Ortsteil sind ebenfalls eine Kirche und die Ruine einer romanischen Kirche aus dem 12. Jh. zu sehen.

Um nicht die Landstraße benutzen zu müssen, sollte man etwa 200 m wieder zurückgehen und nach links in Richtung Norden abbiegen. Auf einem schattigen, gut 1 km langen Waldweg erreicht man **Kisdörgicse,** Klein-Dörgicse. Es ist das kleinste und verschlafenste der drei Dörfchen. Gleich am Ortseingang liegt links neben der

3

Seite 68

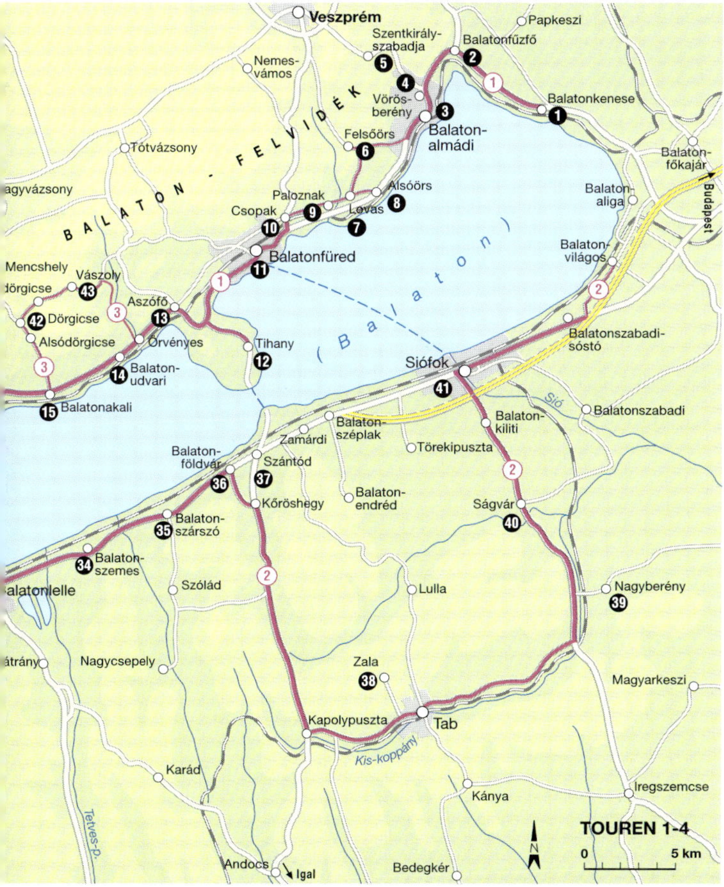

Reetgedeckte Bauernkate

Ländliche Idylle

3
Seite 68

Straße ein zugewucherter Friedhof, der einst zu einem kleinen Kloster gehörte. Im hinteren Dorfbereich steht die Ruine einer kleinen romanischen Kirche aus dem frühen 13. Jh., die noch gut erhalten ist – im Gegensatz zu den meisten Häusern im Dorf. Kisdörgicse war noch Anfang der 1990-er Jahre durch die Landflucht fast vollständig entvölkert und nur noch von wenigen alten Leuten bewohnt. Dann wurden einige Häuser an wohlhabende Leute aus Budapest verkauft, die sie als Sommersitz im alten Stil mit Reetdächern aufwändig renoviert haben.

Wandern mit Seepanorama

Nun muss man ein Stück auf der Höhe entlang der kleinen Landstraße gehen, bis man nach 2,3 km das Dorf **Vászoly** ⓭ erreicht. Der Weg führt gleich am Ortseingang rechts weiter hinab Richtung Balaton.

Nun beginnt einer der schönsten Teilstrecken der Wanderung: Man geht auf einem schmalen asphaltierten Weg, der zwar für Autos freigegeben, aber kaum befahren ist. Zudem herrscht dort eine Geschwindigkeitsbegrenzung von 40 km/h. Zuerst führt das Sträßlein nach 1,5 km durch einen dichten Wald leicht bergauf bis in 349 m Höhe auf den Hügel **Keresztfatető,** doch dann geht es nur noch bergab. 500 m weiter beginnen die ersten Weinberge, und urplötzlich eröffnet sich wieder eine herrliche Aussicht auf den See. Dieses schöne Panorama bleibt nun für den Rest der Tour erhalten.

Nach weiteren 500 m sieht man linker Hand ein schilfgedecktes Haus auf einem Hügel liegen – das **Restaurant Laci Pince.** Dort serviert der Wirt László Zab hervorragende ungarische Gerichte, und dies auf einer großen Terrasse, die wieder einen herrlichen Blick auf die Weinberge und den Balaton bietet. Bei László Zab kann man getrost verweilen, die restliche Strecke immer bergab läuft es sich fast von alleine. ❍❍

Nach **Balatonudvari** sind es nur noch etwa 1,5 km bergab durch die Wingerte. Von dem für seinen denkmalgeschützten Friedhof mit den herzförmigen Grabsteinen berühmten Ort (s. S. 52) kann man die restlichen 5 km zum Ausgangspunkt entweder am See und an den Bahngleisen entlangspazieren, oder aber man setzt sich in den Zug und fährt die zwei Stationen zurück.

Tour 4

Per Fahrrad durch das Káli-Becken

Révfülöp → Kővagóörs → Köveskál → Balatonhenye → Monoszló → Vigándpetend → Kapolcs → Monostorapáti → Diszel → Káptalantóti → Kékkút → Kővágóörs → Révfülöp

Diese Fahrradtour führt in eines der schönsten Gebiete am Plattensee, das Káli-Becken im Hinterland des Nordufers. Sie ist mit etwa 50 km Länge und einigen leichten Steigungen nicht für untrainierte Radler zu empfehlen. Außerdem sind die Wege nicht immer im besten Zustand, gelegentlich muss man auch mal etwas schieben. Der Aufwand aber lohnt sich, denn die Landschaft ist herrlich. Außerdem besteht die Möglichkeit, unterwegs eine Übernachtung einzuschieben, so dass die Tour bequem in zwei Tagesetappen absolviert werden kann. Tipps zum Übernachten werden gegeben, ebenso Empfehlungen für eine kürzere oder ausgiebigere Einkehr.

Die Tour führt vom Nordufer des Balaton hinauf ins Hinterland, in nahezu unberührte Landschaft mit Wiesen, Wäldern und sanften Hügeln. Das Becken steht seit 1984 größtenteils unter Naturschutz und ist Lebensraum für seltene Tier- und Pflanzenarten. Es lässt sich nur zu Fuß oder per Pedal erschließen. Dem Autofahrer bleiben die meisten Naturschönheiten verborgen, zumal die schönsten Wege nicht mit dem Wagen befahrbar sind.

Wer sein Fahrrad (am besten Mountainbikes) nicht mitgebracht hat, kann in der Saison fast überall am See Fahrräder mieten. Am Startort Révfülöp stehen Vermieter vor dem großen Campingplatz nahe der Touristeninformation vor der Fährstelle. Man sollte den Zustand der Räder gut prüfen. Außerhalb der Saison kann auch jede Touristeninformation über Fahrrad-Verleiher Auskünfte erteilen.

Tipp **Pannenhilfe:** Für den Fall eines Plattfußes sollte man Schraubenschlüssel und Flickzeug mitnehmen. Reparaturwerkstätten für Räder gibt es nur in Köveskál. Bei größeren Pannen sind Mitarbeuiter von Tankstellen, Autowerkstätten oder sonstigen Handwerksbetrieben mit großer Improvisationsgabe behilflich.

4

Seite 68

Die Tour führt größtenteils über Feldwege und wenig befahrene Nebenstraßen. Gelegentlich lässt es sich nicht vermeiden, ein kleines Teilstück auf einer normalen Landstraße zu radeln. Ungarische Autofahrer sind aber recht rücksichtsvoll, wenn ihnen Radfahrer begegnen.

Kővagóörs 44

Der beliebte Touristenort Révfülöp (s. S. 53) ist der Ausgangspunkt der Tour. Etwa in der Mitte des Ortes führt eine Nebenstraße in Richtung Kővágóörs den Hang hinauf. Es geht zuerst eine Weile durch den Weinort, dann leicht ansteigend durch die Weinberge. Bereits jetzt hat man einen schönen Ausblick auf den Plattensee.

Nach 3,7 km ist Kővágóörs erreicht. Für Hungrige oder Durstige empfiehlt sich eine Einkehr im Restaurant Káli Vendéglő in der Ortsmitte (s. S. 31, 53). Man kann sich die Rast auch für den Rückweg aufsparen, die Tour führt nochmals durch Kővágóörs.

Kletterfelsen finden sich in der Steinwüste

Hübsch ist die Evangelische Kirche in der Ortsmitte. Sie wurde im 13. Jh. gebaut und später barock umgestaltet.

4

Seite 68

Geschützte Steinwüste

In Kővágóörs geht es in nordöstliche Richtung und in der scharfen Linkskurve am Ortsende geradeaus. Der mit blauem Querbalken markierte Weg führt durch die Steinwüste, ein Gebiet, das mit großen weißen Sandsteinbrocken übersät ist und unter Naturschutz steht. Die Felsen liegen auf einer bis zu 10 m dicken Schicht von feinem Sand. Die ursprüngliche Steinwüste, die bis zum Anfang des 20. Jhs. das Becken umgab, ist nur in der näheren Umgebung von Szentbékhálla nahezu unberührt erhalten.

Tipp Ausführliche Routenbeschreibung in deutscher Sprache bei der **Direktion des Nationalparks** in Salföld oder Veszprém (8200 Veszprém, Vár u. 31, Tel. 088/427-855).

Am Ausgangspunkt der Tour kann man in verschiedenen kleinen Pensionen bequem übernachten, z.B.: **Walcz Haus,** 8253 Revfülöp, Firedi ut 44, Tel/Fax 087/464-162; E-Mail: Walczj@weste 1900.net

Eine von vielen Kirchenruinen am See

Kirchenruine von Sóstókál

Man fährt nun durch eine kleine Sandgrube und einen Steinbruch und gelangt auf einem festen, grasbewachsenen Weg über eine Wiese und durch Felder. Auf der linken Seite ist in einigen hundert Metern Entfernung eine Kirchenruine zu erkennen. Sie gehörte einst zu der Ortschaft Sóstókál, die 1389 erstmals erwähnt wurde. Urkunden zufolge war sie auch noch 1611 bewohnt, wurde also nicht wie viele andere von den Türken zerstört. Auf einer Karte von 1823 wurde die Kirche noch mit hohen Mauern und einem Turm dargestellt.

Ebenso im Dunkeln liegt das Schicksal der Ruine **Pusztapalota** (Pusztapalast), 400 m nördlich. Die Archäologen wissen nicht, um welche Art von Bauwerk aus welcher Zeit es sich handeln könnte.

Köveskál 45

Nach 4 km ist eine Landstraße erreicht, auf der man nach links abbiegen muss, um nach etwa 1 km nach Köveskál zu gelangen. Dieses hübsche Dörfchen hat eine ähnliche Geschichte wie Kővágóörs. Erstmals erwähnt wurde es 1291, fünfzig Jahre später standen hier 13 feudale Herrenhäuser. Es verfügte im 19. Jh. ebenfalls über die Marktrechte und war eine

Innenraum eines alten Bauernhauses in Köveskál

wohlhabende Gemeinde, die der Reformierten Kirche gehörte und mehr Freiheiten genoss als die katholischen Lehndörfer. Seinen Namen hat es wie das gesamte Káli-Becken und einige andere Dörfer auch von Kál horka (*horka* war eine Art Stammesoberhaupt der Magyaren). Der horka Kál besetzte mit seinen Leuten das nördliche Balaton-Hinterland, seither heißt es *Káli-medence* (Káler-Becken). Einen schönen Überblick über das gesamte Becken hat man vom südwestlichen Ortsende von Köveskál.

In der Ortsmitte geht es an der Kreuzung rechts in Richtung Balatonhenye. An der Kreuzung in der Fő utca 23 ist ein Fahrradverleih, der auch kleine Reparaturen durchführt. In Köveskál gibt es zwei empfehlenswerte Einkehrmöglichkeiten:

Három Huszár Fogadó (»Drei Husaren«), Fö út 24, Tel. 030/227-1354. Im alteingesessenen Gasthof werden deftige ungarische Gerichte serviert. ❍

▮ Für eine Kaffee- und Kuchenpause empfiehlt sich die **Sifi Cukrászda** (Malom utca 2, ein Stückchen die Straße Richtung Balatonhenye hinauf.

Im angeschlossenen **Hotel des Restaurants Kövirág,** Köveskál, Fö út 9, Tel./Fax 087/478-569) findet der Besucher eine einfache Übernachtungsmöglichkeit. ❍❍

Nun geht es 3,5 km auf einer schmalen asphaltierten Straße durch Weinberge auf flacher Strecke bis nach **Balatonhenye,** ein verschlafenes Dörfchen und zugleich Sackgasse. Für Autofahrer ist hier Schluss. Gegenüber der Kirche führt eine Straße rechts hoch; sie ist mit gelbem Querbalken markiert. Nach 200 m muss man rechts abbiegen und geradeaus über die Höhe fahren.

Káli-Becken

Oben bietet sich ein schönes Panorama, mit Blick in die überwältigende Weite der Ebene des Káli-Beckens, jener geologisch einzigartigen Landschaft des Balaton-Oberlands, die vielen seltenen Tieren und Pflanzen Lebensraum bietet. Am Rand der Ebene erheben sich Hügel vulkanischen Ursprungs. An einem Wäldchen geht es links ab, und bald erkennt man unten

4
Seite 68

schon den gelben Kirchturm von Monoszló. Man passiert eine unter Naturschutz stehende mächtige alte Buche und hat dann schon die ersten Häuser erreicht.

Monoszló ㊻

Monoszló war im 19. Jh. ein freies protestantisches Dorf. Die Kirche wurde 1829 erbaut, einzig der Chor ist Jahrhunderte älter. Von der Ortsmitte führt die Route nicht nach rechts auf die Hauptstraße, sondern in deren Verlängerung nach links und aus dem Ort wieder hinaus. Der Weg geht durch die (im Sommer ausgetrocknete) Senke eines kleinen Bächleins, bis nach ca. 800 m links ein Häuschen mit rotem Dach zu erkennen ist.

Bei der übernächsten Möglichkeit geht es links ab auf einen grauen Schotterweg (nicht dem Hauptweg aus rotem Sand folgen). Diesen Weg fährt man gut 8 km weit. Er verändert sich mehrmals, durchquert Weinberge und Felder und nach halber Strecke einen kleinen Buchenwald. Dahinter geht es bergab, an der Gabelung im Tal muss man nach links talwärts fahren (und nicht nach rechts bergauf). Man fährt nun meistens im Schatten der Bäume, vielleicht muss man gelegentlich ein paar hundert Meter schieben. Der Weg stößt auf eine Straße, rechts sind die ersten Häuser von **Vigándpetend** ㊼ zu sehen.

Kapolcs ㊽

Nun geht es ein Stückchen nach links und vorne an der Einmündung wieder links auf die größere Straße Richtung Tapolca. Sie führt immer leicht bergab durch ein Bachtal. Nach 2 km erreicht man Kapolcs, das wie die meisten Dör-

Dorf-Schicksal

Das beschauliche Dorf **Kővagóörs** hat eine große Vergangenheit. Erstmals urkundlich erwähnt wurde es im Jahre 1351 unter dem Namen Nagyörs, später Boldogasszonyörs (nach der Jungfrau Maria). Seinen heutigen Namen trägt es seit 1696. Nachdem es während der Türkenkriege fast vollständig eingeäschert und entvölkert wurde, entwickelte sich Kővagóörs nach seiner Wiederbesiedelung Mitte des 19. Jhs. zu einer geschäftigen Kleinstadt. Sie war Zentrum des gesamten Weinhandels am nördlichen Plattenseeufer. Wohlhabende Handwerkszünfte bildeten sich, die Hauptstraße mit ihren vielen Geschäften hatte fast schon städtischen Charakter. Viele Häuser wohlhabender Kaufleute waren mit prunkvollen Säulengängen, farbenfrohen Deckenfresken, Kachelöfen und kunstvoll stuckierten Familienwappen versehen. Der Ort besaß eine Schule, eine katholische und eine evangelische Kirche sowie eine Synagoge, da der Anteil der jüdischen Händler beträchtlich war.

Der Niedergang begann im Ersten Weltkrieg und fand seine Fortsetzung 1944, als die mit den Nationalsozialisten verbündeten ungarischen Pfeilkreuzler die jüdischen Bewohner in deutsche Konzentrationslager verschleppten. Auf diesen Transporten und in Lagern kamen Hunderttausende ungarischer Juden ums Leben.

Anfang der 1950-er Jahre wurde in Kővagóörs eine landwirtschaftliche Produktionsgenossenschaft ge-

4
Seite 68

gründet, einige Jahre später aber wieder aufgelöst. Die Bauern und Winzer mussten nun mit Bussen in weit entfernte Betriebe fahren. Zudem ersann man ein so genanntes Siedlungsförderungskonzept. Der Gemeinderat des Dorfes wurde abgeschafft, die Schule geschlossen. Kővagóörs wurde Révfülöp zugeschlagen; es entstand eine Großgemeinde mit einem Zentralort und vielen Dörfern rundum, die immer mehr verkamen. Das dörfliche Leben bot Jugendlichen keine Perspektive. Die jungen Familien des Ortes zogen, gefördert durch staatliche Zuschüsse, nach und nach in die Betonsiedlungen von Tapolca und anderen Städten, zurück blieben allein die Alten. Ende der 1980er Jahre hatte Kővagóörs nur noch wenige hundert Einwohner, sehr viele Häuser standen leer und drohten zu verfallen.

Seit der Öffnung der Grenzen geht es langsam aufwärts. Die Mieten in den Städten sind gestiegen, viele besannen sich wieder ihrer Häuser auf dem Dorf, renovierten und bezogen sie. Zudem erstanden wohlhabende Auswärtige Häuser auf dem Lande und bauten sie um. Es entstanden kleinere Handwerksbetriebe, etliche Winzer der Gegend versprechen sich von der Produktion höherwertiger Weine ein zukunftssicheres Geschäft.

Vom großen Kuchen Tourismus bekommt die Gemeinde wenig ab, dazu liegt sie zu weit weg vom See. Es sind zwar nur 4 km, doch die bedeuten am Balaton Welten. Einzig das Restaurant Káli Vendéglő (s. S. 31 und 72) und die Reitschule Káli Ranch verdienen an den Urlaubern, die sich vom überlaufenen Strand weg etwas mehr ins Hinterland begeben. Die meisten Menschen in Kővagóörs wollen auch keinen schnellen Boom des Tourismus, dazu gibt es am Balaton zu viele abschreckende Beispiele. Man möchte die Ruhe und Beschaulichkeit des Dörfchens erhalten, lernt immer mehr die Werte der unverfälschten Natur im Káli-Becken zu schätzen. Viele haben sich einer Bürgerinitiative angeschlossen, die einen »sanften Tourismus« propagiert. Die Bewegung balanciert auf einem schmalen Grat, da sie vor der Überfremdung der Balaton-Bewohner warnt, die Abkehr von ihrer Geschichte, den Verlust ihrer Sitten und ihrer Identität fürchtet und so leicht auf eine nationalistische Schiene abgleitet und unbewusst Intoleranz und Fremdenhass schürt.

Auch die Bürgerinitiative kann keine Patentlösungen anbieten. Was bedeutet »sanfter Tourismus« für das Káli-Becken? Durch ein paar umweltbewusste Radfahrer kann das Dorf Kővagóörs nicht wieder zu früherer Größe gelangen Man braucht zwar das Geld des Tourismus, doch man möchte gleichzeitig auch die Atmosphäre und Struktur des Dorfes erhalten, so wie sie ist. Es kollidieren auch hier wirtschaftliche Zwänge mit sozialen und ökologischen Interessen. Ein typisches Problem, für das es kaum eine Lösung gibt! Kővagóörs, ein kleines Dorf im Hinterland des Balaton und ein symptomatisches Beispiel für die Probleme einer ganzen Region, ja, des ganzen Landes.

Seite 68

Keramikerin im »Tal der Künste«

Holzschnitzer bei der Arbeit

4

Seite 68

fer im Káli-Becken fast ausgestorben war. Das Dorf erlebte eine Renaissance, als einige Budapester Künstler es entdeckten. Sie kauften und renovierten Häuser und erreichten, dass die alte Bausubstanz des Dorfes gerettet wurde.

Inzwischen haben sich einige Künstlergruppen im »Tal der Künste« zusammengeschlossen und veranstalten alljährlich Ende Juli ein zehntägiges Festival mit Lesungen, Vernissagen, Theater und Workshops (s. S. 24). Die katholische Kirche von 1782 weist schöne Fresken des Österreichers Johann Cymbal auf.

Wassermühle mit Pension

Nach 4 km folgt der nächste Ort im Tal, **Monostorapáti** ㊾. Etwa 1 km vor dem Ortseingang steht links eine Wassermühle, die *Annamalom,* die Mitte des 19. Jhs. erbaut wurde.

In der Mühle ist eine **Pension** mit sieben Zimmern und einem guten Restaurant untergebracht (Tel. 087/435-058). ❍❍

8 km sind es bis **Diszel,** einem Vorort der Stadt Tapolca.

Neben dem Dorfgasthof bietet das **Hotel-Restaurant Artemis** in einem alten, idyllischen Anwesen eine Möglichkeit zur Einkehr oder in sechs hübschen Zimmern eine Übernachtungsmöglichkeit (Tel. 087/412-657, ❍; Restaurant ❍❍, s. S. 31)

Tapolca ㊿

Tapolca hat nicht gerade einen glänzenden Ruf. In sozialistischen Zeiten wurde es zur Kapitale des Káli-Beckens aufgebaut, und an der Peripherie der Stadt entstanden Plattenbausiedlungen. Zudem wurde Tapolca zum Zentrum des Bauxit-Abbaus, der lange Zeit ohne Rücksicht auf die ökologischen Folgen vorangetrieben wurde. Die Auswirkungen waren selbst im 30 km entfernten Heilbad Hévíz zu spüren, wo im Thermalsee der Wasserspiegel sank, was zum Absinken der Wassertemperatur führte.

Auch in den berühmten, im Jahr 1902 entdeckten **Grottenhöhlen** von Tapolca sank dadurch der Wasserstand. Erst seit einiger Zeit kann man wieder auf einem Boot durch das unter der Stadt verlaufende, weit verzweigte Höhlensystem fahren (Eingang Kisfaludy utca 2).

Der Weg führt von Diszel weiter auf einer kleinen Straße 4 km durch das Gebiet der Basaltberge, die mächtig aus der Ebene aufragen und deren Hänge bis hoch zur Kuppe mit Wein bepflanzt sind. Links sieht man den 344 m hohen **Láz-tető,** rechts den **Csobánc** mit den Resten einer mittelalterlichen Burg. Die Gegend hier war zu Zeiten des Türkeneinfalls sehr umkämpft, auf fast jedem Hügel hatten die Ungarn Verteidigungsposten errichtet. Im Freiheitskampf von Fürst Rákóczi 1703 kämpfte hier das Bauernheer gegen die Habsburger.

Nationalpark Balaton-Oberland

Die kreuzende Landstraße muss man schräg überqueren, um nach **Káptalantoti** ⑤① zu gelangen (800 m).

Zackelschaf, Komondor, Graurind und Büffel, ureinsässige, als Nutztiere nicht mehr bedeutende ungarische Haustierrassen, sind auf einer **Naturschutzmeierei** zwischen Káptalantóti und Salföld (s.S. 53) zu bestaunen. Die Meierei ist auch die Tourismuszentrale des Nationalparks Balaton-Oberland. Vor hier aus sind die geologischen Wunder des Hegyest, die Steinmeere oder die Ruine des Paulinerklosters zu Fuß, per Pferd oder Kutsche zu erkunden; im Winter geschlossen (Mitte April bis Oktober, Auskunft Tel. 088/427-456).

Kékkút ⑤②

Nun geht es wieder hoch auf die kleine Landstraße und von dort 3 km weit nach Kékkút, einem winzigen Dorf, das 1138 erstmals urkundlich erwähnt ist. Damals hieß der Ort Kőkút (Steinbrunnen), im Laufe der Jahrhunderte

Die Wasserbüffel sind streng geschützt

wurde daraus Kékkút (Blauer Brunnen). Er ist geschätzt wegen seines mineralhaltigen Quellwassers.

Kékkút war ein katholisches Lehndorf mit einem Abgabensystem, nach dem die Bauern und Winzer den geistlichen Herren ein Gutteil ihrer Erträge abgeben mussten. Man sieht es den Häusern an, die weitaus dürftiger wirken als zum Beispiel jene in Köveskál oder Kővagóörs, dass die Dorfbewohner es deswegen zu nichts brachten.

Nach Köveskál sind es nun auf dem Landsträßchen 4 km. Der abschließenden Rast im Restaurant Káli Vendéglő (s. S. 31) steht nichts im Wege.

Fähranleger in Revfülöp

Zum Ausgangspunkt geht es dann auf 3,7 km nur bergab, und viele Kurven sind auch nicht mehr zu bewältigen, bis man in Revfülöp (s.S. 53) den See erreicht. Seit jeher ist der Ort ein wichtiger Anlegeplatz für die **Fähre** zwischen Nord- und Südufer des Plattensees. Im Mittelalter betrieben die Einwohner die Fähre selbst. Im Personenverkehr zwischen Revfülöp und Balatonboglár gegenüber ist ein modernes Fährschiff eingesetzt. Die letzte Fähre verkehrt um 18 Uhr.

4
Seite 68

Tour 5

Hinterland des Nordufers

****Veszprém → *Nagyvázsony → *Sümeg → Zalaegerszeg → Egervár → Vasvár → Meggyeskovácsi → *Sárvár → *Pápa → *Zirc → **Veszprém**

Diese Autotour führt durch das Hinterland des nördlichen Balatonufers, einer der schönsten Landschaften Ungarns. Vom einstigen Bischofssitz Veszprém geht es westwärts durchs Balatoner Oberland und die südlichen Ausläufer des Bakony-Gebirges entlang der Burgenlinie, die vom Mittelalter bis zu den Türkenkriegen eine wichtige Rolle bei der Verteidigung Ungarns spielte. Bei Zalaegerszeg führt die Route nach Norden, berührt bei Pápa kurz die Kleine Tiefebene und windet sich bis Zirc auf idyllischer Strecke durch den Bakony, jenes stark bewaldete Mittelgebirge, das als Teil der nördlichen Begrenzungslinie des Karpatenbeckens gilt.

Die abwechlungsreiche Tour bietet Gelegenheit, Burgen zu besichtigen oder einen Stadtbummel zu machen, sie führt durch kleine Dörfer, ausgedehnte Felder und dichte Wälder. Selbstverständlich gibt es immer wieder Gelegenheiten zum Einkehren. Besonderes Augenmerk verdienen dabei einige der seit der politischen Öffnung Ungarns privatisierten Restaurants in jahrhundertealten Schlössern und Sommerresidenzen adeliger Familien. Die Tour umfasst etwa 275 km und ist an einem Tag gut zu bewältigen.

Seite 84

**Veszprém 53

(Weißbrunn) ist eine ruhige Stadt mit etwa 65 000 Einwohnern und großer Vergangenheit. Von weit her schon zu sehen ist der hohe Burgberg. Dort sind die meisten Behörden des Komitats Veszprém, das fast das gesamte Gebiet nördlich des Balaton umfasst. Dort sind Museen, Kneipen, Restaurants, Geschäfte und Markthallen. Sieht man von den Betonsiedlungen an der Peripherie ab, entspricht die Stadt immer noch dem mittelalterlichen Bauschema, sogar der Schnellstraßenring, der wie eine Stadtmauer um die City liegt, passt ins System.

Geschichte

Bereits um 1500 v. Chr. siedelten sich hier Menschen an. Obwohl der Berg eine ideale Verteidigungsmöglichkeit bietet, legten die Römer hier keine große Siedlung an, sondern bauten nur vereinzelte Villen. Nach der Ansiedlung der Slawen und der Awaren gründete im Jahre 866 der Erzbischof von Salzburg hier ein Bistum und ließ eine Kirche bauen. Kurz nach der ersten Jahrtausendwende machte König Stephan I. die Stadt zum Bischofssitz und die Kirche zum Dom. Er soll sie nach seinem Neffen Bezprim benannt haben, später wurde daraus Veszprém. Für seine Gattin Gisela ließ der König einen Palast als Residenz errichten und verfügte, dass künftig alle ihre Nachfolgerinnen hier gekrönt werden sollten. Das brachte der Stadt den Namen »Stadt der Königinnen« ein. Sie war jahrhundertelang sehr wohlhabend, bis die Türken sie im Jahre 1552 einnahmen und weite Teile zerstörten. Die Burg blieb erhalten, wurde aber Anfang des 18. Jhs. von den Habsburgern geschleift, damit sie nicht dem aufständischen Bauernheer um Fürst Rákóczi in die Hände fiel. Sein heuti-

Das Burgviertel betritt man durch das Heldentor

Der zentrale Platz im Burgviertel mit seinen historischen Bauten

ges Aussehen mit Häusern im Spätbarock- und Zopfstil erhielt Veszprém beim Wiederaufbau im 18. Jh. Ende des Zweiten Weltkriegs wurden zwei Drittel der Stadt zerstört.

Der Burgberg

Architektonisches Kleinod der Stadt ist der Burgberg mit Gebäuden aus dem 18. und 19. Jh., die sich stolz über der Stadt erheben. Sie sind noch so angeordnet wie im Mittelalter, mit der **Vár utca** als zentraler Straße. Das Burgviertel thront auf einem schmalen Dolomitfelsen etwa 30 m über dem Fluss Séd. Man betritt das Viertel durch das 1936 zum Gedenken an die Opfer des Ersten Weltkriegs errichtete **Heldentor.** Im Torraum befindet sich ein kleines **Museum,** das die Geschichte des Burgbergs dokumentiert. Der **Feuerturm** aus dem 19. Jh. gilt als Wahrzeichen. Von ihm hat man eine großartige Aussicht. Nun weitet sich die Vár utca zu einem länglichen Platz, an dem die bedeutendsten Sehenswürdigkeiten stehen.

Der **Bischofspalast** wurde um 1765 im Zopfstil errichtet. Architekt war Jakob Fellner, dem noch etliche Bauten im Burgviertel zuzuschreiben sind. An der Stelle des Palastes stand früher die Residenz der Königin Gisela. Geht man durch ein Portal, kommt man zur **Gisela-Kapelle** aus dem 13. Jh. Trotz der Umbauten ist im Kern ihr gotischer Stil erhalten.

An der nördlichen Seite des Platzes steht der **St.-Michaels-Dom,** den Königin Gisela 1001 bauen ließ. Die Kirche wurde 1723 im Stil des Barock umgebaut. Viele Häuser des Viertels stehen unter Denkmalschutz. Sie werden restauriert und erstrahlen wieder in altem Glanz.

Verlässt man den Burgbereich, kommt man auf den **Vörös Hadsereg tér** und dann zum Szabadság tér.

Hotel Veszprém, Budapest u. 6, Tel. 088/424-677, Fax: 424-076, www.infornax.hu/hotelves; zentrale Lage, komfortable Zimmer; großes Restaurant mit Terrasse. ○○

Villa Medici Étterem, Kittenberger utca 11, Tel. 088/590-072, Fax 590-070. Laut Robin Food im Pester Lloyd darf sich das Restaurant zu den zehn niveauvollsten des Landes zählen. ○○○

Oliva Restaurant, Buhim utca 14-16, Tel. 088/403-875, www.oliva.hu internationale Grillgerichte, im Sommer auch Livemusik im Garten. ○○

Tipp Für die Tier- und Naturfreunde ist der **Kittenberger-Wildpark** (Kittenberger utca 17) ein heißer Tipp; 1. Mai bis 30. Sept. 9–18 Uhr sowie 1. Okt.–30. Apr. 9–15 Uhr) .

5

Seite 84

Nahe dem Tierpark werden im **Erdei Vendéglő,** Vadaspark, Tel. 088/425-458, ein gutes Kesselgulasch, geröstete Leber oder Bákonyer Schweinekotelett angeboten. ❍❍

Abstecher ins Hinterland

Von Veszprém empfiehlt sich ein Abstecher ins östliche Hinterland.

In **Bánd** 54 verköstigt Sándor Székely in einer urgemütlichen Betyáren- und Hirtenidylle seine Gäste im 150 Jahre alten **Wirtshaus Udvarház** (Petőfi u. 2, Tel. 088/272-424; Di bis So 12–22 Uhr). ❍❍

Tipp **Porcelanium in Herend** 55 Ein Film führt die Besucher zu den Anfängen des Herender Porzellans 1826. In der Minimanufaktur werden Porzellanliebhaber in die Geheimnisse der Herstellung des »weißen Goldes« eingeweiht (Kossuth Lajos u. 140, Tel. 088/261-144, Fax 261-518).

5

Seite 84

*Nagyvázsony 56 und das Oberland des Sees

Von Veszprém geht es etwa 40 km über eine hügelige Wiesen- und Felderlandschaft durch das Oberland des Sees. Die häufigen, allein stehenden Kalksteinfelsen entstanden vor etwa 600 Mio. Jahren , als das Pannonische Meer diese Erhebungen zurückließ.

Viele Dörfer standen in den 1980-er Jahren vor der Entvölkerung. Einige Häuser sind verfallen und stehen leer. Touristen kamen bislang selten hierher. Arbeit gab es höchstens bei den landwirtschaftlichen Produktionsgenossenschaften oder im Bauxitabbau.

Über eine Straße, die durch Felder und Wiesen führt, geht es nun weiter nach Nagyvázsony, ein malerisch auf einer Höhe gelegenes Dorf, das fast vollständig aus Kalkstein gebaut wurde. Kommt man von der Hauptstraße herab und überquert die Brücke über den Fluss Séd, wird drüben am Hang das Wahrzeichen von Nagyvázsony sichtbar, die **Burg Kinizsi.** Erstmals urkundlich erwähnt wurde sie 1469, drei Jahre später schenkte sie König Matthias Corvinus seinem Heerführer Pál Kinizsi zum Dank dafür, dass er mit seinen Soldaten den ersten Angriff der Türken abgewehrt hatte. Kinizsi soll ein kräftiger Müllersohn gewesen sein, der den König damit beeindruckte, dass er einen Mühlstein hochheben und mit Weingläsern darauf balancieren konnte.

Die Burg des Pál Kinizsi aus dem 15. Jh. in Nagyvázsony

Im Jahre 1479 gelang dem neuen Burgherrn ein weiterer großer Sieg, denn er schlug die Türken in der Schlacht von Kenyérmező in Siebenbürgen und brachte ihnen schwerste Verluste bei. Nach Kinizsis Tod wurde die Burg zwar mehrmals von den türkischen Truppen erobert, doch niemals zerstört.

Heute steht die Burg wieder in ihrer ursprünglichen Form da. Im 30 m hohen gotischen Turm ist ein **Burgmuseum** untergebracht; zu besichtigen sind u. a. Waffen und Rüstungen. Pál Kinizsi wurde in der Burgkapelle beigesetzt.

Tipp Bierfreunde sollten der **Hausbrauerei** mit Wirtshaus besuchen (Richtung Zánka, Ortsausgang linke Seite in einem Fabrikgebäude). Dort verkauft auch ein junger Unternehmer seine hervorragenden Schnäpse, die er im alten Brennhaus der Gemeinde neben der Brücke über die Séd herstellt (s. S. 29).

Eine weitere Attraktion des Dorfes ist das **Postmuseum** im ehemaligen Postamt unweit der Burg. Ist man wieder oben auf der Hauptstraße, sieht man bald links das **Zichy-Schloss,** das Ende des 18. Jhs. erbaut wurde. Es liegt in einem herrlichen Park, in dem alle zwei Jahre historische Reiterspiele stattfinden. Im Jahr 1969 wurde das Schloss sorgfältig renoviert und als Hotel mit Reitschule eröffnet (s. S. 35).

*Sümeg 57

Der nächste größere Ort ist Sümeg (7000 Einw.) mit der größten Burganlage Ungarns. Sie thront auf einem 270 m hohen Kalksteinkegel. Erbaut wurde die Burg Mitte des 13. Jhs. von König Béla IV., nachdem die Mongolen ins Land eingefallen waren.

Als die Türken Ungarn bedrohten, wurde die Burg verstärkt und nach der Einnahme von Veszprém 1552 vorübergehend Sitz des Bischofs. 1713 wurde sie vom kaiserlichen Heer in Brand gesteckt, da sie ein wichtiger Stützpunkt für die Truppen des Fürsten Rákóczi im Unabhängigkeitskrieg

In Sümeg steht die größte Burgruine Ungarns

gegen die Habsburger war. Die Ruine wurde zwischen 1959 und 1964 teilweise restauriert, rekonstruiert und konserviert; der quadratische Wohnturm (14. Jh.) beherbergt ein Burgmuseum. Im Sommer finden auf der mächtigen Burg mit Falltoren, Wachtürmen und Zinnen die Burgspiele statt – mittelalterliche Feste, u.a. Ritterturniere, werden gefeiert.

Im Ort sollte man die Pfarrkirche Christi Himmelfahrt in der Deák Ferenc utca besuchen; ihre ausladenden spätbarocken Fresken gelten als die schönsten des Landes. Sie wurden von dem Wiener Franz Anton Maulbertsch 1757–1758 gemalt und zeigen biblische Szenen sowie Porträts des Bischofs von Veszprém.

Am Fuß der Burg lädt das Restaurant des **Hotels Kapitany,** Tel. 087/352-598, Fax 351-101, www.hotelkapitany.hu zum zünftigen Rittermahl; ungarische Spezialitäten kommen auf den Tisch. ❍❍

5

Seite 84

Der Bischofspalast in Sümeg

Wegkreuz in der Nähe Sümegs

Zalaegerszeg 58

Die kleine Landstraße führt nach Türje (20 km). Von Türje sind es etwa 50 km bis nach Zalaegerszeg, einer Industriestadt mit 65 000 Einwohnern, die im 13. Jh. erstmals erwähnt wurde und eine wichtige Rolle im Kampf gegen die Türken spielte.

In den 1930-er Jahren stieß man in der Nähe auf Erdöl. Zalaegerszeg wurde zu einem Zentrum der Petrochemie, Textil- und Möbelindustrie ausgebaut. Erhalten hat sich der hübsche spätbarocke Ortskern mit der Pfarrkirche (um 1750), dem Rathaus, dem Gerichtsgebäude aus dem Jahr 1730 und einigen Wohnhäusern.

5

Seite 84

Zalatour Halász-Vadász Étterem, 8900 Zalaegerszeg, Kaszahézi út 2, Tel. 0932/311-246; traditionelle Küche. ❍

Tipp Interessant ist das **Freilichtmuseum** (April–Okt. Di–So 10–18 Uhr) im westlichen Teil von Zalaegerszeg an einem toten Arm des Flusses Zala. Um eine alte Mühle herum wurden etwa 50 schilfgedeckte Bauernhäuser aus dem Göcsej-Gebiet abgetragen und originalgetreu wieder aufgebaut. An Wochenenden und Feiertagen können die Besucher auf dem Gelände Vorführungen alter Handwerkskünste beiwohnen.

Egervár 59

Etwa 10 km nördlich liegt Egervár mit einem sehr hübschen **Renaissanceschloss.** Erbaut wurde es im Mittelalter als Grenzfeste, jedoch im 16. Jh. von Tamás Nádasdy, dem Burgherrn von Sárvár, zu einer Schlossburg mit vier Ecktürmen umgestaltet. Die barocken Elemente im Arkadenhof wurden im 19. Jh. vom Grafen Széchenyi hinzugefügt. Sehenswert ist auch die **spätgotische Pfarrkirche** mit ihren barocken Elementen in der Ortsmitte, die einst zu einem Franziskanerkloster gehörte.

Vasvár 60

Nach 18 km erreicht man Vasvár an der E 66. Es hieß in der Römerzeit wegen seiner Eisenerzvorkommen *Castrum Ferreum*. Im Mittelalter war das Städtchen ein bedeutendes Zentrum der Eisengießerei und Schmiedekunst. Am 10. August 1664 wurde hier von König Leopold I. der Friedensvertrag mit den Türken geschlossen.

Jely-Arborétum ⑥①

Es geht nun weiter auf der E 66 in nordöstlicher Richtung. Nach 8 km führt ein Abstecher nach rechts ins Jely-Arborétum, einen Botanischen Garten, den Graf Ambrózy-Migazzi 1922 anlegte. Der Graf wollte beweisen, dass man allein mit heimischen Pflanzen Wuchs und Blüte rund ums Jahr erzeugen könne. Bis zu seinem Tod elf Jahre später hatte er 5 ha bepflanzt. Heute ist der Garten 75 ha groß und mit 50 Arten von Nadelbäumen, 39 Laubbaumarten sowie 100 Spezies anderer Gewächse bepflanzt. Seit 1953 steht er unter Naturschutz, ebenso wie 106 ha Wald und Wiesen ringsum (April–Oktober).

Schräg gegenüber der Einfahrt zum Arborétum biegt man links auf die Straße 87 Richtung Szombathely und nach 5 km in Rum wieder nach rechts. Das ist der schönere Weg nach Sárvár.

Schlosshotel Új-Ebergényi, Kossuth Lajos u. 36, Tel. 094/377-340, Fax 377-125, www.budapesthotels.com/castles/Vasszécsény. Denkmalgeschütztes kleines Schloss in einem romantischen Wildpark einige Kilometer von Szombathely, 20 Zwei- und 2 Dreibettzimmer, Schwimmbad, Sauna, Solarium und exklusives Restaurant. ○○○

Meggyeskovácsi ⑥②

Nach 4 km ist Meggyeskovácsi erreicht, wo in einem wunderschönen **Schlösschen** des Adelsgeschlechts Batthyány von 1684 ein empfehlenswertes Hotel-Restaurant betrieben wird (Tel. 095/492-164, s. S. 35).

Bekanntester Vertreter der Batthyánys war Graf Lajos Batthyány, 1848 nach der Märzrevolution Ministerpräsident der unabhängigen ungarischen Regierung; 1849 wurde er wegen Hochverrats von den Habsburgern hingerichtet. Das Schlösschen liegt in einem kleinen Park.

*Sárvár ⑥③

Nach 11 km kommt man nach Sárvár an der Mündung des Gyöngyös-Flusses in die Rába, ein nettes Städtchen mit 16 000 Einwohnern. Mittelpunkt ist auch hier ein Schloss, ursprünglich Ende des 10. Jhs. von den Magyaren errichtet und im 15. Jh. vom Adelsgeschlecht Nádasdy pompös ausgebaut. Man engagierte italienische Baumeister für die Planung des fünfeckigen Renaissance-Gebäudes, das von fünfeckigen Bastionen geschützt wird. Während der Türkenkriege war Sárvár eine wichtige Grenzbefestigung.

Burgherr Tamás Nádasdy war ein humanistisch gebildeter Edelmann mit Sinn für Kunst und Literatur. Er gründete eine Druckerei, verlegte 1541 das Neue Testament in ungarischer Sprache und machte Sárvár zum intellektuellen Zentrum Westungarns. Sein Sohn Ferenc ließ 1650 das Anwesen im Stil des Frühbarock umbauen. Er wurde als Mitinitiator der »Wesselényi-Verschwörung« gegen die Habsburger 1671 in Wien hingerichtet. Das Schloss geriet schließlich in die Hände des Wittelsbacher Königshauses. 1921 starb hier im Exil Ludwig III., der letzte König von Bayern.

Besichtigt werden können der Prunksaal mit Wandfresken aus dem 16. und 17. Jh. sowie etliche Gemächer mit edlen Möbeln und Zopfstil-Öfen. Im Schloss ist auch das Ferenc-Nádasdy-Museum untergebracht. Es zeigt interessante Exponaten zur Geschichte einer berühmten Adelsfamilie und ihrer Burg.

Seite 84

Sitke 64

Nun führt die Route ostwärts über die ersten Erhebungen des Kemeneshát-Hügellandes. Nach 8 km erreicht man Sitke, wo ein weiteres der in dieser Gegend zahlreichen Schlösser zum Hotel-Restaurant umgebaut wurde.

Im Anwesen des Felsöbüki Nagy Schlosses, umgeben von einem romantisch verwilderten Park, bietet die **Kastélyfogadó Sitke,** József Attila. u. 1, Tel. 095/ 442-024, mehrere einfache Zimmer zur Übernachtung an. ❍❍

*Pápa 65

Nach 16 km geht es durch die Industriestadt Celldömölk, und nach weiteren 20 km kommt man nach Pápa, der Stadt mit 32 000 Einwohnern an dem Flüsschen Tapolca und der Schnittstelle zwischen Kleiner Tiefebene und Bakony-Gebirge. Erstmals erwähnt wurde Pápa im Jahre 1051, im Mittelalter war es bereits eine bedeutende Stadt. 1531 wurde das angesehene Reformierte Kollegium gegründet. Die Türken nahmen die Stadt zweimal für nur kurze Zeit in Besitz.

5
Seite 84

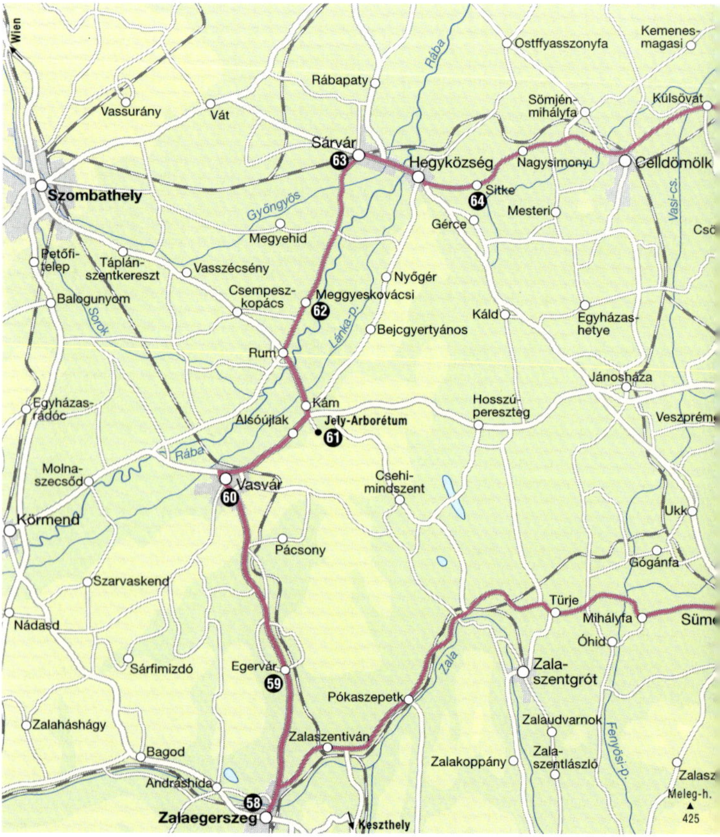

Noch heute ist die Innenstadt wie eine mittelalterliche Festung angeordnet mit dem Fő tér als Zentrum. Dort steht die 1774 erbaute, zweitürmige **Pfarrkirche St. Stephanus Märtyrer,** ein Paradebeispiel für den ungarischen Zopfstil. Architekt war Jakob Fellner, Hausarchitekt der Esterházy-Dynastie. Bedeutend sind auch die Fresken von Franz Anton Maulbertsch.

Hinter der Kirche, an der Stelle der ersten mittelalterlichen Burg des Ortes, steht das gelbe spätbarocke **Schloss Esterházy.** Errichtet wurde es 1783–1787. Hier schrieb Otto Nicolai Teile seiner Oper »Die lustigen Weiber von Windsor«. Im Schloss sind heute ein Museum, die Städtische Galerie und ein Hotel untergebracht.

Interessant ist das **Blaufärberei-Museum** (Kékfestő Múzeum) am Március 15 tér (Di–So 9–17 Uhr). Das Gewerbe des Stoffdrucks mit Indigoblau führten die deutschen Einwanderer im 19. Jh. nach Ungarn ein. In diesem Museum ist die ganze Werkstatt des Carl Friedrich Kluge aus Sachsen zu sehen.

Kluges Maschinen wurden einst mit der Wasserkraft des Flüsschens Tapolca angetrieben, auch 22 Mühlen, eine

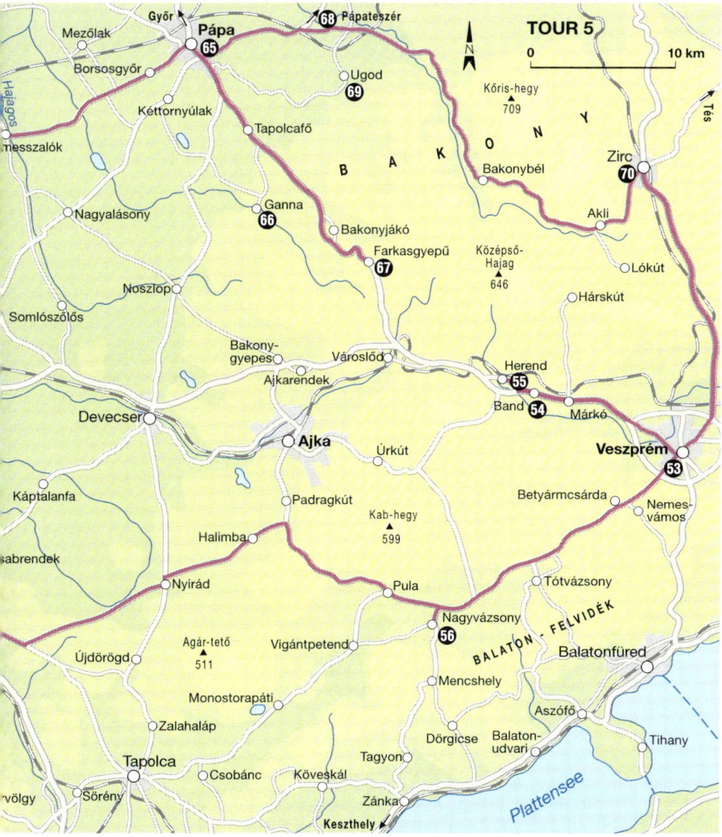

5

Seite 84

Die Idylle mit frei laufenden Gänsen trügt: Viele Tiere werden grausam gestopft

5

Seite 84

Papier- und andere Fabriken. Da der Bauxitabbau im Bakony-Gebirge den Grundwasserspiegel immer weiter sinken ließ, versiegte es in den 1960-er Jahren, ebenso wie die meisten anderen Bäche und Flüsse aus dem einst wasserreichen Gebirge.

Einkehren sollte man in der **Gaststätte Gólyafészek** (Storchennest) in der Jókai utca 45. Das ist ein sehr schönes Lokal mit Innenhof und hervorragend zubereiteten ungarischen Spezialitäten. ❍

Abstecher ins Bakony-Gebirge

Von Pápa aus kann man einen Abstecher südwärts machen und im 12 km entfernten **Ganna** ⓺⓺ die Familiengruft der Esterházys besuchen. Wer 12 km weiter ins Gebirge fährt, kommt nach **Farkasgyepű** ⓺⓻, den höchstgelegenen Ort im Bakony-Gebirge.

Pápateszér ⓺⓼

Von Pápa geht es auf kurvigen Straßen ostwärts und in schmalen Tälern in die dunklen Wälder des Bakony hinein. Nach 6 km folgt eine Abzweigung, von der aus gleich zwei Abstecher möglich sind. Richtung Norden führt ein Sträßchen nach 12 km in den Ort Pápateszér, in dem einst über 200 Jahre lang stolze 25 Mühlen ihr Werk verrichteten. Man sammelte das Wasser von drei Bächen in zwei Teichen und trieb damit die Räder an. Die Müller waren zuständig für alle Getreidebauern nördlich des Bakony, ihr Gebiet reichte fast bis Győr. Doch auch hier ließ der Bauxitabbau das Wasser nach und nach versiegen, die letzte Mühle schloss Ende der 1960-er Jahre.

Abstecher nach Ugod ⓺⓽

Der zweite Abstecher führt Richtung Süden und nach 4 km in das Örtchen **Ugod.** Die herrliche Kirche ist ein Kleinod im Barock- und Rokokostil, Architekt war Jakob Fellner. Einzigartig ist der Rokoko-Altar, gefertigt aus buntem Marmor, der im Bakony gebrochen wurde. Die Geschichte Ugods, dessen Bewohner sich mit Kalk- und Holzkohlenbrennerei ihren Lebensunterhalt verdienten, war immer mit der Burg verbunden, die hier einmal gestanden hat. Die Besitzung gehörte abwechselnd verschiedenen Hochadelsfamilien, u. a. den Nádasdys und Esterházys. Ugod hatte einst auch Glashütten.

Von der Kreuzung bei Pápa geht es fort in Richtung Osten, die Straße schlängelt sich weiter durch den Wald, um dann nach Süden abzubiegen. Immer wieder bieten sich Möglichkeiten, einen kleinen Spaziergang zu unternehmen, man muss nur an einem der vielen Waldparkplätze anhalten. Mit gastronomischen Einrichtungen ist die Gegend allerdings nicht gerade gesegnet, sogar die kleinen Dorfwirtschaften sind selten. Jahrzehntelang waren die Dörfer kaum bevölkert, die Jungen wanderten ab in die Städte.

*Zirc ⑩

Zirc (5 km) ist eine Stadt mit 10 000 Einwohnern, gelegen in einem breiten Bakonytal. Zircs Zisterzienserabtei *Nova Claravallis* bildete schon immer die wirtschaftliche und kulturelle Grundlage der Stadt. Die Abtei wurde 1182 von König Béla III. gegründet. Den lateinischen Namen erhielt sie, weil die ersten Bewohner Mönche aus dem burgundischen Clairvaux waren, die im Tal Ackerbau, Viehzucht und Forstwirtschaft betrieben. Während der Türkenkriege wurde Zirc fast vollständig zerstört und erst im 18. Jh. auf Initiative der Habsburger von deutschen Siedlern wieder aufgebaut.

Das Kloster

Das Kloster beherrscht optisch die Stadt. Vom Roten Turm des Gebäudes hat man eine gute Sicht auf die Umgebung. Der große **Park** bietet Gelegenheit für schöne Spaziergänge. In der 1727 errichteten **Klosterkirche** sind Fresken von Josef Wagenmeister und Franz Anton Maulbertsch zu sehen. Im Stiftsgebäude ist die äußerst umfang-

Der Bibliothekssaal in Zirc

reiche **Klosterbibliothek** mit über 60 000 Bänden untergebracht. Der ehemalige botanische Garten der Abtei bildet heute ein bedeutendes **Arboretum** von fast 20 ha mit wertvollem Baumbestand.

Gestüt und Hotel Szépalma, 8420 Porva-Szépalmapuszta, Tel. 088/468-888, Fax 088/468-889, www.szepalma.hu.
Für seine Araber- und Lipizzanerzucht weit über die Landesgrenzen hinaus bekannt ist das im 17. Jh. von der Familie Eszterházy gegründete Gestüt in **Porva** bei Zirc. Heute ist es nicht nur für Pferdenarren ein besonderes Erlebnis, hier zu übernachten. Wer längere Ausflüge in die Umgebung plant, wird im Hotel mit Wanderkarte und Picknickkorb ausgestattet.

Von Zirc kann man eine Wanderung auf den höchsten Berg des Bakony, den 709 m hohen **Kőris-hegy,** unternehmen oder eine Spazierfahrt hinauf ins 16 km entfernte Örtchen **Tés,** östlich von Zirc, das früher für seine vielen Windmühlen berühmt war.

Von Zirc zurück nach Veszprém sind es noch etwa 20 km.

5

Seite 84

Seite 92

Ausflug nach ***Budapest

Weltstadt im Wandel

*****Burgviertel (**Burgpalast → **Matthiaskirche → *Fischerbastei) → **Parlament → **Elisabethviertel → *Große Synagoge → **Westbahnhof**

Ein Ausflug in die ungarische Hauptstadt sollte bei keinem Balaton-Aufenthalt fehlen. Die kurzen Entfernungen machen es leicht möglich. An einem Tag kann man bequem hinfahren, einen ausgedehnten Stadtbummel mit Besichtigung der wichtigsten Sehenswürdigkeiten unternehmen und abends wieder gemächlich an den Balaton zurückkehren.

Am bequemsten ist eine Fahrt mit dem Zug, denn in Budapest ist ein Auto überflüssig, abgesehen davon, dass man einem möglichen Autodiebstahl vorbeugt. Außerdem kann man dann getrost in einem der angegebenen Lokale das eine oder andere Gläschen trinken (in Ungarn herrscht absolutes Alkoholverbot am Steuer), und nicht zuletzt ist eine Fahrt mit dem Zug ins verkehrsdichte Budapest vernünftiger, weil nervenschonend.

Von allen Orten am Plattensee fahren fast stündlich Züge in die Hauptstadt, die Strecke ist etwa 100 km lang. Alle enden am Budapester **Südbahnhof** *(Déli pályaudvar)*. Dieser Bahnhof liegt in Buda, rechts der Donau. Von hier sind es nur wenige Minuten hinauf zum Burgberg, dem mittelalterlichen Viertel mit den meisten Sehenswürdigkeiten, die als Weltkulturerbe geschützt sind. Danach führt der Weg über eine der acht Donaubrücken der Zweimillionenstadt hinüber nach Pest, in die elegante Innenstadt und einige Viertel, die sich noch ihren ursprünglichen Charakter bewahrt haben. Die gesamte Strecke kann zu Fuß bewältigt werden, oder aber man fährt einzelne Abschnitte mit der Metro (Tageskarten bekommt man an allen größeren Stationen).

Geschichte

Bereits zur Römerzeit war das heutige Budapest eine geschäftige Stadt. 194 n. Chr. gründeten die Römer auf dem Gebiet des heutigen Óbuda auf der rechten Donauseite die Stadt *Aquincum,* einen wichtigen Handelsstützpunkt mit über 30 000 Einwohnern, Bädern und Geschäften. Später lebten hier Hunnen, Awaren und Slawen. Die Magyaren erreichten um 896 die Gegend und ließen sich auch in Buda nieder.

Nachdem 1242 die Mongolen die Stadt verwüstet hatten, ließ König Béla IV. die Burg zur Verteidigung gegen weitere Überfälle bauen. Jahrhundertelang hielt das Bollwerk, und auch Pest auf der anderen Donauseite wurde zu einem wichtigen Handelsplatz. Erst 1541 eroberten die Türken Buda und hielten es 145 Jahre besetzt. Während dieser Zeit entstanden herrliche Bäder und Moscheen. 1686 befreite das christliche Heer die Stadt. In der Folgezeit ließen sich viele deutsche Händler und Handwerker hier nieder; die drei Städte Buda, Pest und Óbuda entwickelten sich langsam wieder, führten aber ein Dasein im Schatten Wiens.

Die 375 m lange Kettenbrücke, ein Wahrzeichen Budapests, wurde 1849 als erste Brücke der Stadt eröffnet

Seite 92

Denkmal des ungarischen Nationalhelden Mikaly Vörösmarty

1848 nahmen in Budapest die Revolution und der Freiheitskampf gegen die Habsburger ihren Anfang. 1849 wurde der Aufstand blutig niedergeschlagen. Gleichzeitig kurbelten reformerische Geister wie István Graf Széchenyi die Wirtschaft an. Die Kettenbrücke wurde gebaut, die Ungarische Akademie der Wissenschaften gegründet, die Donau schiffbar gemacht. Nach dem Ausgleich (1867), in der Doppelmonarchie, ging es dann aufwärts. 1873 wurden die drei Städte zur Hauptstadt Budapest vereinigt. Ab 1876 verwirklichte man in den folgenden zwanzig Jahren den Großen Ring um die Pester Altstadt, den Westbahnhof, das Parlament, die Zentrale Markthalle, die erste Metro und die Prunkstraße Andrássy út.

Ungarn in den beiden Welkriegen

Nach dem Ersten Weltkrieg jedoch ging es nach einem kurzen Zwischenhoch bergab, die wirtschaftliche Si-

Zentrum des Burgbergs ist der Burgpalast auf Budaer Seite

tuation der Stadt wurde immer schlimmer, faschistische und antisemitische Bewegungen kamen auf. Nachdem Ungarn versucht hatte, seinen Pakt mit Hitler-Deutschland zu lösen, marschierten 1944 deutsche Truppen in die Stadt ein, deportierten und ermordeten im Zusammenwirken mit den ungarischen Pfeilkreuzlern die jüdische Bevölkerung. Bei der Befreiung durch die Sowjetarmee wurden große Teile der Stadt zerstört.

Ungarn wurde Volksrepublik. 1956 kam es in Budapest zum Volksaufstand, der durch sowjetisches Militär niedergeschlagen wurde. Dennoch kam es ab 1960 zur Liberalisierung und einem spürbaren wirtschaftlichen Aufschwung. Die Trabantenstädte rings um die Stadt wurden gebaut, viele alte Viertel restauriert.

Schmerzlicher Anpassungsprozess

Der politische Umschwung von 1989 löste auch in Budapest soziale Konflikte aus. Viele Menschen leben heute in Armut, die Lebenshaltungskosten steigen. Gleichzeitig wird die ungarische Hauptstadt wieder zu einer westlichen Großstadt. Ausländische Investoren ermöglichen eine Renovierung vieler denkmalgeschützter Häuser und Viertel. Das malerische Stadtbild bleibt also erhalten.

Seite 92

Turm der Matthiaskirche

Die Fischerbastei ist eine der beliebtesten Sehenswürdigkeiten

***Burgviertel

Vom Südbahnhof aus spaziert man ein Stückchen nördlich bis zum **Moszkva tér** oder fährt eine Station mit der »roten« Metro. Schon dort lässt sich ein bisschen bummeln, der Moskauer Platz ist typisch für Budapest. In der Umgegend gibt es eine schöne Markthalle, viele kleine Espressos oder Kellerweinkneipen. Zum Burgberg hoch fährt man mit dem Várbusz, dem Burgbus, alle paar Minuten vom Moskva tér hinauf zum Szent György tér.

Von dort sind es nur ein paar Schritte bis zum Burgviertel mit zahlreichen Sehenswürdigkeiten. Der ****Burgpalast ❶**, er wurde 1247–1265 erbaut, bildet das Zentrum des Burgbergs und ist von fast jedem Punkt der Innenstadt aus zu sehen. Sein heutiges barockes Aussehen erhielt das mächtige Bauwerk im 18. Jh. Untergebracht sind hier die **Nationalgalerie** mit Werken der ungarischen Malerei vom Mittelalter bis zur Gegenwart, das **Historische Museum** mit archäologischen Funden vom mittelalterlichen Burgberg sowie die **Nationalbibliothek.**

Geht man zurück über den Szent-György tér, kommt man zum Dísz tér, dem zentralen Platz des Burgviertels. Hier beginnt ein Rundgang durch die mittelalterlichen Häuserzeilen. Die **Tárnok utca** (Schatzmeistergasse) war im Mittelalter die breiteste Straße des Viertels, denn hier wohnten die reichen Händler. Aufwändig restauriert ist das Haus Nr. 14. Jeden Mittwoch hielten früher in der Schatzmeistergasse die Bauern aus der Umgegend und die Fischer vom Balaton mit ihren Warenmarkt ab.

**Matthiaskirche ❷

Über den Szentháromság tér kommt man zur Matthiaskirche. Sie wurde in den Jahren 1255 bis 1269 im Übergangsstil zwischen Spätromanik und Gotik gebaut, jedoch im Laufe der Zeit immer wieder verändert; während der türkischen Besatzungszeit diente sie vorübergehend als Moschee. Ihren Namen erhielt sie, nachdem sich König Matthias Corvinus hier zweimal – 1463 und 1470 – hatte trauen lassen. 1867 wurden hier Franz Joseph I. und

Seite 92

Sissi gekrönt, Franz Liszt führte aus diesem Anlass seine »Krönungsmesse« auf.

Haupteingang zur dreischiffigen Kirche ist das Marienportal, im Inneren sollte man sich die Loretokapelle ansehen mit einer Madonnenfigur aus rotem Marmor, die, weil vom Kerzenruß geschwärzt, Schwarze Madonna genannt wird. In der Schatzkammer, der ehemaligen Krypta an der Nordseite, ist eine Nachbildung der ungarischen Königskrone zu sehen.

*Fischerbastei ❸

Gleich unterhalb der Kirche kommt man zur Fischerbastei, einem pittoresken Wahrzeichen der ungarischen

Hauptstadt, das zudem als Aussichtsplattform zum Pflichtprogramm jedes Budapest-Besuchs zählt.

Die 140 m lange, 8 m breite, sehr verspielt wirkende Wallkonstruktion errichtete der Architekt Frigyes Schulek 1899–1905, denn er war der Meinung, das Bauwerk würde gut zu der von ihm gerade umgebauten Matthiaskirche passen. Entstanden ist ein

Seite 92

1. Burgpalast
2. Matthiaskirche
3. Fischerbastei
4. Wiener Tor
5. Parlament
6. Vörösmarty tér
7. Váci utca
8. Elisabethviertel
9. Große Synagoge
10. Westbahnhof

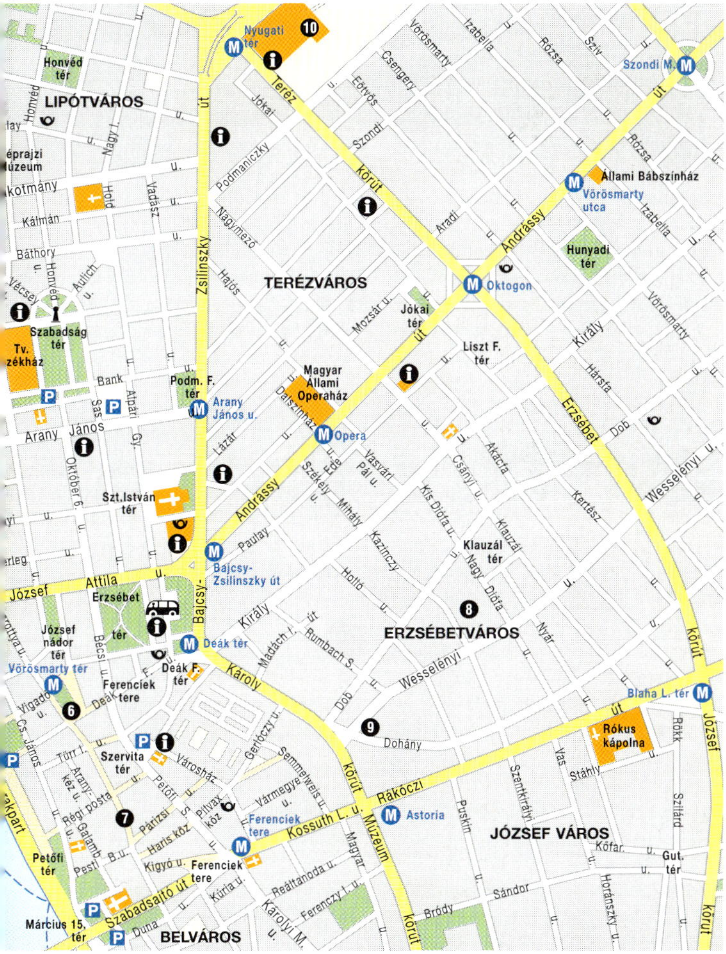

Seite 92

Das größte Parlamentsgebäude der Welt vom Burgberg aus gesehen

neoromanisches Gemisch aus vielerlei Baustilen mit Erkern, Türmchen, Treppchen und Balkönchen. Seinen Namen bekam es, weil an dieser Stelle die Altstadt von der Zunft der Fischer gegen die Türken verteidigt wurde. Von hier oben bietet sich ein überwältigender Blick über Stadt und Donau.

Spaziergang auf dem Burghügel

In der Fortuna utca 4 liegt das **Museum für Handel und Gastgewerbe.** Zu sehen sind Ladeneinrichtungen aus dem späten 19. Jh., alte Werbetafeln und Konditoreimaschinen. In dieser Straße wohnten die Arbeiter, die die Matthiaskirche errichteten; deswegen sind die Häuser nicht so prunkvoll wie z. B. in der Tárnok utca.

Im hinteren Teil der Fortuna utca gelangt man zum **Wiener Tor ❹** von 1936. Das einstige Stadttor an dieser Stelle war von den Türken zerstört worden. Linker Hand liegt die **Tóth Árpád sétány,** die Promenade an der westlichen Mauer des Burgbergs, von der man einen schönen Blick auf die Budaer Berge und die bebauten Hügel von Buda hat.

In der parallel verlaufenden **Úri utca** stehen einige schön restaurierte mittelalterliche Häuser, z. B. das Gebäude Nr. 32 mit seiner gotischen Fassade. In Nr. 9 ist das unterirdische Panoptikum. Der Burgberg wird von einem 40 km langen **Höhlensystem** durchzogen, das den Bürgern der Stadt Zuflucht vor Angriffen bot. In einem Teil dieser Höhlen wird die Geschichte Ungarns mit Stoffpuppen nachgestellt und erläutert.

Tipp Den Abschluss des Rundgangs sollte ein Besuch im **Café Ruszwurm** in der Szentháromság utca 7 bilden, einem alteingesessenen Café mit herrlicher Biedermeier-Einrichtung.

Am Donauufer

Hinunter an die Donaufront fährt vom Szent György tér die ***Sikló,** die Standseilbahn. Sie wurde 1870 gebaut und im Zweiten Weltkrieg zerstört. Erst

Seite 92

Im Café Eckermann auf der Andrássy út hängen wie eh und je die Tageszeitungen aus

1986 restaurierte man die Bahn originalgetreu. Die Strecke ist etwa 100 m lang und weist eine Steigung von 48 Prozent auf.

Unten geht es über die **Kettenbrücke** mit ihren fast 50 m hohen Pfeilern hinüber nach Pest. Biegt man am Ufer gleich nach links ab, kommt man zum ****Parlament ❺**, das 1885–1902 im Stil der englischen Neogotik nach dem Vorbild der Londoner Houses of Parliament gebaut wurde. Der mächtige Bau ist 268 m lang, 118 m breit, 96 m hoch und hat 691 Räume. Seine prunkvollen, mit Fresken, Gemälden und Gobelins geschmückten Säle können im Rahmen einer Führung besucht werden. Vis-ą-vis zeigt das **Ethnographische Museum** (Néprajzi Múzeum) seine reichhaltige Sammlung (Di–So 10–18 Uhr).

Zurück geht es wiederum an der Donau entlang bis zum **Donaukorso.** Der Korso wurde Ende des 19. Jhs. als Flaniermeile angelegt, hier standen einst die großen Hotels von Weltruf, die im Zweiten Weltkrieg zerstört wurden. Heute sind die Straßencafés wieder ein beliebter Treffpunkt.

Tipp Großstadtflucht mit dem Tragflügelboot oder einem Dampfschiff ans **Donauknie** (Szentendre, Visegrad, Esztergom): Die Schiffe legen zweimal täglich (im Sommer) vom Kai am Vigadó tér ab. Fahrtzeit 2,5 Stunden flussauf-, 2 Std. flussabwärts.

Im Zentrum von Pest

Am Vigadó tér geht der Weg links hoch bis zum **Vörösmarty tér ❻**, dem Hauptplatz im Zentrum. Das Café Gerbeaud an der Stirnseite des Platzes ist eines der führenden Häuser der Stadt. Seit 1858 werden hier feinste Zuckerbäckerwaren hergestellt.

Nun sollte man über die **Váci utca ❼** bummeln, die Haupteinkaufsstraße der Stadt. Sie sieht mittlerweile aus wie eine weltstädtische Shoppingmeile in London, Paris oder Frankfurt – eben das neue Budapest.

Empfehlenswert ist hier das **Corso Étterem** in der Petőfi Sándor utca 3 (Parallele zur Váci utca, Tel. 01-318-56 28). ❍

Seite 92

Das monumentale Gebäude des Westbahnhofs am Nyugan Tér

**Elisabethviertel ❽

Ein Stück altes Budapest, das sich dem Wandel ausgesetzt sieht, kann man im Elisabethviertel nördlich der Váci utca entdecken. Es war einst das Viertel der Handwerker und Krämer und hat immer noch viel Atmosphäre. Man findet hier romantische kleine Läden, Handwerksbetriebe und die typischen Budapester Mietshäuser aus dem frühen 20. Jh. mit ihren offenen Umgängen und bis zu sechs Innenhöfen. Das Viertel war vom Verfall bedroht und wird mit Hilfe ausländischer Investoren jetzt teilweise saniert.

Das Elisabethviertel ist seit Jahrhunderten vornehmlich von Juden bewohnt und war 1944 auch die Stätte des jüdischen Ghettos. Die ***Große Synagoge ❾**, erbaut 1854–1859, steht hier. 1992–1995 wurde sie von Grund auf renoviert und bietet bis zu 3000 Menschen Platz. Die weiß-rote Ziegelfassade wird durch farbige Fayencen, Reliefbänder und Verzierungen am Giebel aufgelockert. Von hier aus kann man einen Spaziergang ins Viertel unternehmen.

Sehr zu empfehlen ist das koschere Restaurant **Carmel Pince** in der Kazinczy utca 31. ❍❍

Mitten durch das Viertel führt der Große Ring. Das legendäre Kaffeehaus Hungária, seit der Wende **Kaffeehaus New York** (Erzsébet krt. 9–11), ist wegen Renovierung geschlossen.

**Westbahnhof ❿

Geht man über den Großen Ring nach Nordwesten, gelangt man zum Westbahnhof, einem eleganten, riesigen neobarocken Bauwerk aus Glas und Stahl, 1870–1877 vom Büro Gustave Eiffel geplant und errichtet.

Stadtwäldchen

Wer Lust auf einen längeren Spaziergang im Grünen hat, fährt vom Oktogon tér am Großen Ring mit der Metro zum Heldenplatz und geht ins Stadtwäldchen. Viele Budapester besuchen dort sonntags den Zoo, den kleinen

Vergnügungspark Vidám Park, entspannen sich im Széchenyi-Bad oder gehen in den Zirkus. Die Metro geht aber auch zum Deák tér, von dort kann man zum Ausgangspunkt des Budapest-Rundgangs zurückfahren.

Tourinform, 1052 Sütö u. 2, Tel./Fax 1/356-1964, E-Mail: hungary@tourinform.hu; Hotline (0–24 Uhr): aus Ungarn 06/80-660-044, international 36/60/550-044.

Béke Radisson, VI. Teréz körút 43, Tel. 01/301-16 00, Fax 301-1615, www.radisson.com/budapesthu. Schön renoviertes Jugendstilhotel in der Innenstadt. ❍❍❍

- **Budai Hotel,** XII. Rácz Aladár utca 45–47, Tel./Fax 1/249-0208, Fax 1/249-2186, www.hb.hu/budai/ Freundlicher Neubau an einem Hang in Buda; schöner Ausblick. ❍❍
- **Unicum Panzió,** XI. Bod Péter utca 13, Tel. 01/319-37 84. Familiäre Pension in ruhiger Lage in Buda. ❍❍

Camping: Camping Niche, XII. Zugligeti út 101, Tel. 01/156-86 41. 5. März bis 15.Oktober. Idyllisch in Waldtal am Fuße der Budaer Berge.

Gundel, XIV. Allatkerti út 2 (neben dem Zoo), Tel. 01/321-35 50; tgl. 10–23 Uhr. Bestes Restaurant der Stadt im Stadtwäldchen, neben dem Zoo, von einem ungarnstämmigen Amerikaner aufwändig renoviert. ❍❍❍

- **Régi Sipos Halászkert,** III. Lajos u. 46, Tel. 01/168-64 80; tgl. 10–22 Uhr. Gutes Fischrestaurant in Obuda mit Zigeunermusik. ❍❍–❍❍❍
- **Remiz,** II. Budakeszi út 5, Tel. 01/275-13 96; Di–So 9–1 Uhr.Hervorragende Küche, Gartenlokal mit altem Baumbestand. ❍❍❍

Infos von A–Z

Ärztliche Versorgung

- Notruf Rettungsdienst *(mentök)*: Tel. 104.

In allen größeren Orten rund um den Balaton gibt es Ärzte, von denen viele Deutsch sprechen. Krankenhäuser für Notfälle:

- **Balatonfüred:** Gyógy tér 1, Tel. 087/584-584.
- **Keszthely:** Ady u. 2, Tel. 083/311-060.
- **Siófok:** Semmelweis u. 1, Tel. 084/310-500.

Die **Apotheken** haben zu den üblichen Zeiten geöffnet, in größeren Städten gibt es während der Hochsaison auch einen Bereitschaftsdienst. Die Adressen sind an allen Apotheken angeschrieben.

Auto-Pannendienst

- **Pannenhilfe** Die Rufnummer in allen Regionen des Landes ist 188.
- Für **ADAC- und ÖAMTC-Mitglieder** ist in Budapest eine **Notrufstation** eingerichtet: Tel. 01/ 345-1717. Von 9 bis 17 Uhr ist die Station von ADAC-Mitarbeitern besetzt, in der übrigen Zeit von Helfern des Ungarischen Automobilclubs (MAK), die jedoch alle Englisch, teilweise auch Deutsch sprechen.

Devisenbestimmungen

Die Ein- und Ausfuhr von ausländischen Zahlungsmitteln in unbegrenzter Höhe ist erlaubt. Es empfiehlt sich, größere Summen an der Grenze anzumelden. Die Ein- und Ausfuhr von ungarischen Banknoten ist offiziell nur bis zu einer Höhe von 350 000 Forint erlaubt.

Diplomatische Vertretungen

- **Deutsche Botschaft:** Úri utca 64–66, 1014 Budapest, Tel. 01/488-35 00, Mo–Fr 9–12 Uhr.
- **Österreichische Botschaft:** VI. Benczúr utca 16, Tel. 01/269-67 00, Mo–Fr 9–12, Konsulat 9–11 Uhr.
- **Schweizerische Botschaft:** XIV. Stefánia út 107, Tel. 01/343-94 91, Mo–Fr 10–12 Uhr.

Einreise

Die Staatsbürger der meisten Länder, so auch Schweizer, benötigen einen gültigen Reisepass, Deutsche, Österreicher, Franzosen, Italiener und Spanier hingegen nur einen Personalausweis. Der Verlust muss unverzüglich dem zuständigen Konsulat oder der Botschaft gemeldet werden.

Die Grüne Versicherungskarte für das Auto ist zwar nicht Pflicht, erleichtert jedoch bei einem Unfall die Formalitäten.

Elektrizität

Die Netzspannung beträgt in Ungarn überall 220 Volt. Besondere Adapter werden nicht benötigt.

Feiertage

- 1. Januar: Neujahr.
- 15. März: Nationalfeiertag.
- Ostermontag.
- 1. Mai: Tag der Arbeit.
- Pfingstmontag.
- 20. August: Tag des Heiligen Stephan.
- 23. Oktober: Gedenken an den Aufstand von 1956 und die Proklamation der Republik Ungarn 1989.
- 25./26. Dezember: Weihnachten.

Fotografieren

Mit der Öffnung des Landes nach Westen verschwand das Fotografierverbot für Brücken, Bahnhöfe und Ähnliches. Filme kosten ungefähr so viel wie in Deutschland, der Schweiz oder Österreich und sind von gleich guter Qualität. Negativfilme sind problemlos zu bekommen, Diafilme jedoch sollten in ausreichender Menge mitgenommen werden.

Fundbüro

Zentrale Fundbüros gibt es nicht. Man muss bei der Polizeiwache oder im Bürgermeisteramt des Ortes nachfragen, in dem man etwas verloren hat.

Geld und Währung

Die ungarische Währung ist der Forint, abgekürzt HUF. Gegenwärtig sind Münzen im Wert von 1, 2, 5, 10, 20, 50, 100 und 200 Forint sowie Scheine zu 100, 200, 500, 1000, 2000, 5000 und 10 000 Forint im Umlauf. Der Kurs schwankt stark. Ende 2001 bekam man für 100 € ca. 25 000 HUF.

Geld wechseln kann man bei den meisten Banken und den Filialen der OTP, der ungarischen Sparkasse. Auch private **Wechselstuben** bieten recht vernünftige Kurse. Schwarztauschen lohnt nicht und ist strafbar. Banken haben meist werktags von 9 bis 16 Uhr geöffnet, Wechselstuben besonders während der Hochsaison länger und auch am Wochenende.

Viele Restaurants akzeptieren mittlerweile **Kreditkarten.** Dennoch sollte man gerade in kleineren Familienbetrieben bar zahlen, da der Besitzer einen großen Teil der Summe an das Kreditkartenunternehmen abführen muss. Auch gegen Kreditkarte erhält man jetzt schon bei vielen Banken Bargeld.

Auch **Geldautomaten,** die Eurocard und Visa akzeptieren, werden immer häufiger installiert. Man zahlt hierfür jedoch pauschal etwa 5 € Gebühr plus ein Prozent der abgehobenen Summe. Man sollte nur so viel Geld wechseln, wie man glaubt, im Urlaub zu brauchen, denn ein Rücktausch ist mit hohem Kursverlust verbunden.

Haustiere

Bei Mitnahme von Hunden und Katzen ist eine Tollwut-Schutzimpfung nachzuweisen, Hunde müssen außerdem gegen Staupe geimpft sein.

Information

- **Ungarisches Tourismusamt,** Dom-Pedro-Str. 17, 80637 München Tel. 0 89/121-152-30, Fax 121-152-51.
- **Ungarischer Fremdenverkehrsverband,** Opernring 3–5, 1010 Wien, Tel. 01/585-20 12 10 (Infobüro), Tel. 01/585-20 12 13, Fax 20 12 21 (Hauptbüro).
- **Ungarisches Verkehrsbüro,** Stampfenbachstr. 78, 8035 Zürich, Tel. 01/361-1414, Fax 361-3939.
- **Am Balaton:** Private und kommunale Touristeninformationsstellen gibt es in jedem größeren Ort rund um den Balaton. Alle Büros sind in der Regel während der Saison täglich von 8–20 Uhr geöffnet.
- **Tourinform:** 8230 Balatonfüred, Petőfi Sándor u. 8, Tel. 087/342-237, Fax 340-566; 8360 Keszthely, Kossuth u. 28, Tel. 083/314-144, Fax 314-144; 8600 Siófok, Siófok, Fö tér 41, Tel. 084/310-117; Tihany, Kossuth u. 20, Tel. 087/448-804; 8200 Veszprém, Veszprém Vár u. 4, Tel. 088/404-548.
- Sehr kompetent und hilfreich sind auch die privaten Siótour-Büros. Die Hauptstelle: **SIÓTOUR,** 8600 Siófok, Szabadság tér 6, Tel. 084/ 310-900.
- **In Budapest:** Informationen zu Unterkunft, Stadtbesichtigungen, Kartenvorverkauf, Verkauf von Reiseführern und Stadtplänen: **Tourinform,** V. Sütő utca 2, 5. Bezirk (Innenstadt), Sütö u. 3; 1052 Sütö u. 2, Tel./Fax 1/356-1964, E-Mail: hungary@tourinform.hu; Hotline (0–24 Uhr): aus Ungarn 06/80/ 660-044, international 36/60 550-04; E-Mail: hungary@tourinform.hu. Mo–Fr 9–19, Sa, So, Fei 9–16 Uhr.
- Neu! **Automatische Auskunft** innerhalb Ungarns über die grüne Nummer: Tel. 06-80-66-00-44. Aus dem Ausland kostenlose Informationen über Unterkünfte, Verkehrslage, Programme und Veranstaltungen unter der Nummer Tel. 00 36-60-55-00-44.
- Allgemeine Informationen und Vermittlung von Privatunterkünften und Pensionen: **Budapest Tourist,** V. Roosevelt tér 5, Tel. 118-14 53.

Krankenversicherung

Man sollte eine Auslandskrankenversicherung abschließen, da die gesetzlichen Krankenversicherungen mit Ungarn kein Abkommen haben und Kosten nur begrenzt erstatten.

Kriminalität

Wie alle Länder des ehemaligen Ostblocks hat Ungarn mit wachsender Kriminalität zu kämpfen. Angehörige der Russen- und der Chinesenmafia drängen ins Land, auch die Nähe zum ehemaligen Jugoslawien macht sich bemerkbar. Der normale Urlauber wird höchstens in schummrigen Bars oder beim Besuch des Straßenstrichs damit konfrontiert. Es ist dringend davor zu warnen, die Dienste junger, oft gewaltsam eingeschleppter Mädchen in Anspruch zu nehmen, wenn man sich nicht ins kriminelle Milieu begeben und seine Sicherheit gefährden will.

Am Balaton bekommt man von alledem wenig mit. Einzig das Problem Autodiebstahl stellt sich dort während der Sommermonate. Hier sind Banden am Werk, die sich auf Urlauberautos spezialisiert haben. Wie überall auf der Welt soll man keine Wertsachen im Wagen lassen, ihn immer verschließen und bewachte Parkplätze oder die Hotelgaragen benutzen.

Maßeinheiten
Getränke und Speisen werden in Ungarn oft dezi- bzw. dekaweise verkauft. So ist ein Dezi Wein ein Gläschen mit 0,1 l, fünf Deka Wurst sind 50 Gramm.

Mehrwertsteuer und ihre Rückerstattung
Die Mehrwertsteuer (ÁFA) in Ungarn beträgt zur Zeit 25 Prozent. Ab einem Einkaufswert von 50 000 Forint kann man sie sich zurückerstatten lassen. Von der Rückerstattung ausgeschlossen sind Antiquitäten und Kunstwerke. Nähere Auskunft: Europe Tax Free Shopping, Broschüren in allen beteiligten Geschäften.

Mietwagen
In den größeren Orten kann man relativ günstig für Ausflugsfahrten ein Auto mieten. Pro Tag muss man mit etwa 45 € rechnen.

Notruf
- **Polizei** *(Rendőrség)* Tel. 107.
- **Feuerwehr** *(Tűzoltók)* Tel. 105.
- **Rettungsdienst** *(Mentők)* Tel. 104.

Öffnungszeiten
Gesetzliche Ladenschlusszeiten gibt es in Ungarn nicht. In der Hochsaison haben rund um den Balaton die meisten Geschäfte wochentags durchgehend geöffnet, sogar sonntags sind manche Lebensmittelläden offen. Die meisten Museen sind Di–So 10–18 Uhr geöffnet.

Post
Die Postämter rund um den Plattensee haben meist von 8–18 Uhr geöffnet, Banken werktags von 9–16 Uhr.

Radio
Radio Bridge (UKW 102,1 MHz) sendet täglich zwischen 5 und 22 Uhr zu jeder vollen Stunde Nachrichten in englischer Sprache. Radio Danubius, ein Privatsender mit dem üblichen Pop-Gedudel, bietet recht oberflächliche Wortbeiträge in englischer und manchmal auch deutscher Sprache (am Plattensee UKW 100,4, in Budapest 103,3 Megahertz).

Souvenirs
Das typische Mitbringsel vom Plattensee gibt es nicht, sieht man vielleicht von Stickereien und Schnitzwerk aus der Gegend um Beszak und Karádi südlich des Sees ab. Bei den Souvenirgeschäften in den Touristenorten am Balaton ist Vorsicht geboten, denn meist stammt das Angebotene aus fernöstlichen Werkstätten. In einigen Gemeinden lohnt sich allerdings das Stöbern in Antiquitätenläden, mitunter lässt sich noch ein Schnäppchen machen. Beliebte Souvenirs aus Ungarn sind Salami, getrocknete Paprika oder sauer eingelegtes Gemüse. Ebenfalls beliebt sind Kalocsa- und Matyó-Stickereien, Schwarzkeramik, »Miska«-Krüge, Blaudruck-Textilien, Markenporzellan von Zsolnay oder aus Herend, Tokajer Ausbruchwein, Barack-Pálinka (Aprikosenschnaps) oder Unicum-Magenbitter. Am Balaton sollte man einen Markt im nördlichen Hinterland aufsuchen, z. B. in Tapolca oder Veszprém.

Taxi
Die Taxis am Plattensee sind bedenkenlos zu benutzen. Zumeist gehören sie Familienunternehmen, die Fahrer sprechen oft Deutsch, sind freundlich und ehrlich. Dennoch sollte man darauf achten, dass die Taxameter eingeschaltet sind. Bei Fahrten außerhalb des jeweiligen Ortes wird auch die

Rückfahrt berechnet. Am besten handelt man den Fahrpreis vorher aus.

Anders verhält es sich in Budapest. Hier sollte man auf der Hut sein, da sich mittlerweile eine Taxi-Mafia gebildet hat, die Reisenden aus dem Westen Phantasiepreise abverlangt. Besonders am Flughafen, an den Bahnhöfen und den großen Hotels ist Vorsicht angebracht. Am besten, man bestellt sich telefonisch einen Wagen des ehemaligen Staatsunternehmens Fő-Taxi (Tel. 222-22 22). Gerät man in die Fänge eines unseriösen Fahrers, sollte man sich die im Wagen angeschlagenen Taxi-Tarife genau ansehen und dem Fahrer den ungefähren Fahrpreis plus Trinkgeld beim Aussteigen passend in die Hand drücken und sich nicht auf weitere Diskussionen einlassen. Für Fahrten vom und zum Flughafen empfiehlt es sich, den Shuttle-Service zu benutzen.

Telefon

Auch im kleinsten Dorf am Plattensee steht ein Kartentelefon zur Verfügung. Die Telefonkarten gibt es mit 50 oder 120 Einheiten; sie sind bei jedem Postamt, an Kiosken oder in Tabakläden erhältlich.

Die Münzapparate funktionieren mit 10-, 20-, 50- oder 100-Forint-Stücken. Bei Auslandsgesprächen muss man zuerst die 00 wählen und auf das Freizeichen warten, ein Piepston oder ein rasselndes Klingeln. Ertönt dieses nicht, sind alle Leitungen besetzt, und man muss es später nochmals probieren. Dann wählt man für Deutschland 49, für Österreich 43, für die Schweiz 41, anschließend die Vorwahl der Stadt ohne Null und die Nummer des Teilnehmers.

Vorwahl für Ungarn: 0036, Budapest 01, Vorwahl Inland 06, Fernamt Inland für Orte ohne Selbstwählverkehr 191.

Am Wochenende sowie zwischen 22 und 8 Uhr gelten Billigtarife. Die fremdsprachige Telefonauskunft hat die Nummer 117-22 00, sie vermittelt auch Nummern im Ausland. D 1- und D 2-Funktelefonnetze funktionieren in Budapest und am Plattensee tadellos.

Telegramme kann man in jedem Postamt aufgeben, häufig besteht auch die Möglichkeit zum Faxen. Telefonischer Telegrammdienst: 192.

Trinkgeld

Im Allgemeinen enthalten die in der Speise- und Getränkekarte angegebenen Preise bereits Gedeck- und Bedienungsgeld. Eine kleine Aufmerksamkeit wird dennoch gerne gesehen. Wie überall in Europa sind etwa 10–20 % des Rechnungsbetrages als Trinkgeld angebracht. Tankwarte erwarten 100–200 Forint. Spielt im Restaurant eine Zigeunerkapelle, erhält der Primas einen größeren Schein.

Zeit

Ungarn hat dieselbe Zeiteinteilung wie Österreich, Deutschland und die Schweiz.

Zollbestimmungen

- **Einreise:** Zollfrei einführen darf man 250 Zigaretten oder 50 Zigarren oder 250 Gramm Tabak, 2 l Wein und 1 l Branntwein sowie Gegenstände für den persönlichen Gebrauch. Einmal pro Jahr ist die Einfuhr von Geschenkartikeln im Wert von bis zu 30 000 Forint erlaubt.
- **Ausreise:** Genehmigungspflichtig sind: Gold und Silber, Kunstwerke und Antiquitäten. Zollfrei ausführbare Waren: 250 Zigaretten, Waren, deren Wert 270 000 Forint nicht übersteigen und nicht als Handelsmenge gelten bzw. Gegenstände ohne Wertbegrenzung, die für konvertierbare Währung erworben wurde.

Langenscheidt Mini-Dolmetscher

Allgemeines

Guten Morgen.	Jó reggelt kívánok. [joh **räg**·gält **kih**wahnok]
Guten Tag.	Jó napot kívánok. [joh **na**pot **kih**wahnok]
Guten Abend.	Jó estét kívánok. [joh **äsch**teht **kih**wahnok]
Hallo!	Helló! [häl·lo]
Wie geht es Ihnen / dir?	Hogy van / vagy? [hodj wan / wadj]
Danke, gut.	Köszönöm jól. [**kö**ßönöm johl)
Ich heiße ...	... vagyok. [**wa**djok]
Auf Wiedersehen!	Viszontlátásra! [**wi**ßontlahtahschra]
Morgen	reggel [**räg**·gäl]
Nachmittag	délután [**deh**lutahn]
Abend	este [**äsch**tä]
Nacht	éjszaka [**ehj**ßaka]
morgen	holnap [**hol**nap]
heute	ma [ma]
gestern	tegnap [**täg**nap]
Spricht hier jemand Deutsch / Englisch?	Beszél valaki németül / angolul? [**bä**ßehl **wa**laki **neh**mätül / **ang**olul]
Wie bitte?	Tessék? [**täsch**·schehk]
Ich verstehe nicht.	Nem értem. [näm **ehrt**·täm]
Sagen Sie es bitte nochmals.	Legyen szíves, mondja el még egyszer. [**lä**djän **ßih**wäsch, **mon**dja äl mehg **ätj**ßär]
..., bitte.	..., tessék. [**täsch**·schehk]
danke	köszönöm [**kö**ßönöm]
Gern geschehen.	Szívesen. [**ßih**wäschän]
was / wer / welcher	mi / ki / melyik [mi / ki / **mä**jik]
wo / wohin	hol / hova [hol / **ho**wa]
wie / wie viel	hogyan / hány [**ho**djan / **hah**nj]
wann / wie lange	mikor / meddig [**mi**kor / **mäd**·dig]
Wie heißt das auf ungarisch?	Hogy mondják magyarul? [hodj **mon**djahk **ma**djarul]
Wo ist ...?	Hol van ...? [hol wan]
Können Sie mir helfen?	Segítene? [**schä**gihtänä]
ja	igen [**i**gän]
nein	nem [näm]
Entschuldigen Sie.	Elnézést kérek. [**äl**nehsehscht **keh**räk]

Sightseeing

Wo ist das Fremdenverkehrsbüro?	Hol van az idegenforgalmi hivatal? [hol wan as **i**dägänforgalmi **hi**watal]
Ich hätte gerne einen Stadtplan.	Kérek egy várostérképet. [**keh**räk ädj **wah**roschtehrkehpät]
Wann ist ... geöffnet / geschlossen?	Mikor van nyitva / zárva ...? [**mi**kor wan **nji**twa / **sahr**wa]
das Museum	a múzeum [a **mu**säum]
die Kirche	a templom [a **täm**plom]
die Ausstellung	a kiállítás [a **kiahl**·lihtahsch]

Shopping

Wo gibt es ...?	Hol lehet ...-t kapni? [hol **lä**hät ...-t **kap**ni]
Wie viel kostet das?	Mennyibe kerül? [**män**·njibä **kä**rül]
Ich hätte gern etwas Billigeres.	Egy olcsóbbat szeretnék. [ädj **ol**tschohb·bat ßärätnehk]
Das gefällt mir (nicht).	Ez (nem) tetszik (annyira). [äs (näm) **tät**ßik (**an**·njira)]
Gibt es das in einer anderen Farbe / Größe?	Van még más színben / méretben is? [wan mehg mahsch **ßihn**bän / **meh**rätbän isch]
Ich nehme es.	Ezt megveszem. [äßt **mäg**wäßäm]
Wo ist hier eine Bank?	Hol van a közelben bank? [hol wan a **kö**sälbän bank]
Wo kann ich Geld wechseln?	Hol tudok pénzt váltani? [hol **tu**dok pehnst **wahl**tani]
Geben Sie mir 100 g ... / ein Kilo ...	Tíz deka ... / egy kiló ... -t kérek. [tihs **dä**ka ... / ädj **ki**loh ...-t **keh**räk]
Ich hätte gern eine deutsche Zeitung.	Kérek egy német újságot. [**keh**räk ädj **neh**mät **uhj**schahgot.
Wo kann ich telefonieren?	Honnan telefonálhatnék? [**hon**·nan **tä**läfonahlhatnehk]
Wo kann ich eine Telefonkarte kaufen?	Hol lehet telefonkártyát kapni? [hol **lä**hät **tä**läfonkahrtjaht **kap**ni]

Notfälle

Ich brauche einen Arzt / Zahnarzt.	Orvoshoz / Fogorvoshoz kell mennem. [**or**woschhos / **fog**orwoschhos käl **män**·näm]

Rufen Sie bitte einen Krankenwagen / die Polizei.	Hívja kérem a mentőket / rendőrséget. [**hih**wja **keh**räm a **män**töhkät / **rän**döhrschehgät]
Ich hatte einen Unfall.	Balesetem volt. [**ba**läschätäm wolt]
Wo ist das nächste Polizeirevier?	Hol van a legközelebbi rendőrség? [hol wan a **läk**·kösäläb·bi **rän**döhrschehg]
Man hat mir ... gestohlen.	Ellopták ... [**äl**·loptahk ...]
Mein Auto ist aufgebrochen worden.	Feltörték az autómat. [**fäl**törtehk as **au**tohmat]

Essen und Trinken

Die Speisekarte, bitte.	Az étlapot kérem. [as **eht**lapot **keh**räm]
Brot	kenyér [**kän**jehr]
Kaffee	kávé [**kah**weh]
mit Zucker	kávé cukorral [**kah**weh **tzu**kor·ral]
Milchkaffee	tejeskávé [**tä**jäsch-kahweh]
Tee	tea [**tä**ja]
Tee mit Milch	tea tejjel [**tä**ja **täj**·jäl]
Orangensaft	narancslé [**na**rantschleh]
Suppe	leves [**lä**wäsch]
Fisch	hal [hal]
Fleisch	hús [huhsch]
Geflügel	szárnyasok [**ßahr**n-jaschok]
Beilage	köretek [**kö**rätäk]
Gemüse	zöldség [**söl**tschehg]
Mehlspeisen	tészták [**tehß**tahk]
vegetarische Gerichte	vegetáriánus ételek [**wä**gätahriahnusch **eh**täläk]
Eier	tojás [**to**jahsch]
Salat	saláta [**scha**lahta]
Dessert	desszert [**däß**·ßärt]
Obst	gyümölcs [**djü**möltsch]
Eis	fagylalt [**fa**djlalt]
Wein	bor [bor]
weiß / rot	fehér / vörös [**fä**hehr / **wö**rösch]
Bier	sör [schör]
Wasser	víz [wihs]
Mineralwasser mit / ohne Kohlensäure	szénsavas / szénsavmentes ásványvíz [**ßehn**schawasch / **ßehn**schawmäntäsch **ah**schwahnjwihs]
Limonade	limonádé [**li**monahdeh]
Frühstück	reggeli [**räg**·gäli]
Mittagessen	ebéd [**ä**behd]
Abendessen	vacsora [**wa**tschora]
Ich möchte nur eine Kleinigkeit essen.	Csak valami apróságot eszem. [tschak **wa**lami **a**prohschahgot **ä**ßäm]
Ich möchte bezahlen.	Fizetni szeretnék. [**fi**sätni **ßä**rätnehk]
Es war sehr gut.	Nagyon finom volt. [**na**djon **fi**nom wolt]

Im Hotel

Ich suche ein gutes / nicht zu teures Hotel.	Egy jó / olcsó szállodát keresek. [ädj joh / **ol**tschoh **ßahl**·lodaht **kä**räschäk]
Ich habe ein Zimmer reserviert.	Egy szobát foglaltak részemre. [ätj **ßoh**baht **fo**glaltak **reh**ßämrä]
Haben Sie ein Doppelzimmer / Einzelzimmer frei?	Van kétágyas / egyágyas szabad szobájuk? [wan **keh**tahdjasch / ädjahdjasch **ßa**bat **ßo**bahjuk]
Mit Dusche und Toilette.	Zuhanyozóval és W.C.-vel. [**su**hanjosohwal ehsch **weh**tzehwäl]
Mit Balkon.	Erkéllyel. [**är**kehj·jäl]
Mit Blick auf den See.	Amelyik a tóra néz. [**a**melyik a **toh**ra nehs]
Wie viel kostet das Zimmer pro Nacht?	Mennyibe kerül egy éjszakára? [**män**·njibä **kä**rül ädj **ehj**ßakahra]
Mit Frühstück?	Reggelivel? [**räg**·gäliwäl]
Kann ich das Zimmer sehen?	Megnézhetném a szobát? [**mäg**nehshätnehm a **ßo**baht]
Haben Sie ein anderes Zimmer?	Lenne még egy másik szobájuk is? [**län**·nä mehg ädj **mah**schik **ßo**bajuk isch]
Das Zimmer gefällt mir (nicht).	Ez a szoba (nem) tetszik (nekem). [äß a **ßo**bah (näm) **tät**ßik (**nä**käm)]
Kann ich mit Kreditkarte bezahlen?	Fizethetek ezzel a hitelkártyával? [**fi**säthätäk **äs**·säl a **hi**tälkahrtjahwal]
Wo kann ich parken?	Hol parkolhatok? [hol **par**kolhatok]
Können Sie das Gepäck in mein Zimmer bringen?	Felhozná a csomagokat a szobába? [**fäl**hosnah a **tscho**magokat a **ßo**bahba]
Haben Sie einen Platz für ein Zelt / einen Wohnwagen?	Van még egy sátornak / lakókocsinak hely? [wan mehg ätj **schah**tornak / **la**kohkotschinak häj]

Orts- und Sachregister

Personenregister

Zeichenerklärung

Unsere Preissymbole bedeuten:

Hotel:	❍❍❍	ab 80 €	Restaurant:	❍❍❍	ab 20 €
(DZ)	❍❍	30 € bis 80 €	(Menü)	❍❍	bis 20 €
	❍	bis 30 €		❍	bis 10 €

Polyglott im Internet: www.polyglott.de,
im Shell GeoStar unter www.ShellGeoStar.com,
im Travel Channel unter www.travelchannel.de

Alle Informationen stammen aus zuverlässigen Quellen und wurden sorgfältig geprüft. Für ihre Vollständigkeit und Richtigkeit können wir jedoch keine Haftung übernehmen.
Ergänzende Anregungen bitten wir zu richten an:
Polyglott Verlag, Redaktion, Postfach 40 11 20, 80711 München.
E-Mail: redaktion@polyglott.de

Impressum

Herausgeber: Polyglott-Redaktion
Autor: Michael Herl
Special: Dr. Elke Eberhardt
Laufende Bearbeitung: Dr. Elke Eberhardt
Layout: Ute Weber, Geretsried
Karten und Pläne: Sybille Rachfall
Titeldesign-Konzept: Independent Medien-Design
Satz: Tim Schulz, Dagebüll
Satz Special: Carmen Marchwinski, München

Erste Auflage 2002

Printed in Germany
ISBN 3-493-58895-X
Dieses Buch wurde auf chlorfrei gebleichtem Papier gedruckt.

Das unverwechselbare Polyglott-Sternchensystem

***** eine eigene Reise wert ** einen Umweg wert * sehr sehenswert**

** Halbinsel Tihany (S. 46ff.)
** Keszthely (S. 56ff.)
** Kis-Balaton (S. 61ff.)
** Veszprém (S. 78ff.)
** Ausflug nach Budapest (S. 88ff.)
*** Burgviertel (S. 91)
** Matthiaskirche (S. 91)
** Parlament (S. 94)
** Elisabethviertel (S. 95f.)
** Westbahnhof (S. 96)
* Balatonfüred (S. 43ff.)
* Felsööers (S. 41f.)
* Badacsony (S. 54)
* Szigliget (S. 55)
* Hévíz (S. 60)
* Nagyvázsony (S. 80ff.)
* Sümeg (S. 81f.)
* Sárvár (S. 83)
* Pápa (S. 84ff.)
* Zirc (S. 87)

Der Plattensee im Internet

www.hungarytourism.hu
www.ungarnurlaub.hu
www.tourinform.hu
www.hungary.net/hungarhotels
www.balaton.net
www.balaton.hu
www.balatontourist.hu
www.balatoninfo.net
www.balatontravel.hu
www.balaton.net/heviz.htm
www.danubiusgroup.com
www.siotour.hu

Die Autoren

Michael Herl

lebt als freier Journalist in Frankfurt am Main. Er schreibt Reportagen für deutsche Magazine über Afrika, Amerika, Asien und Europa, vorwiegend zu Umwelt- und Sozialthemen. Seit Jahren verbinden ihn Reisen nach Ungarn mit Land und Leuten. Herl schrieb auch die Polyglott-Reiseführer »Budapest« und »Ungarn«.

Elke Eberhardt

lebt als freie Autorin in Kassel. Sie studierte in Budapest Medizin und lernte Ungarn und seine Menschen auf vielen Reisen durch das Land kennen. Neben ihrer ärztlichen Tätigkeit verfasste sie mehrere Buchpublikationen und Magazinbeiträge über Budapest und Ungarn, das sie als ihre zweite Heimat schätzt.